マーケット進化論

経済が解き明かす日本の歴史

横山和輝 著

日本評論社

◎カバー絵（『一遍聖絵』）について

長船町《おさふねちょう》福岡（現在の岡山県南部）の市を描いたこの絵画は、鎌倉時代の定期市の賑わいを伝える作品です。カバーの右上部分で織物が売られています。赤い服を着た女性が中国の金属貨幣（穴の開いた銭貨を細い縄に通して束ねている）を勘定している様子が描かれています。（著者）

目次

序章
マーケットの進化を捉える意義

1　本書の内容と目的

本書の内容

本書の内容を要約すると、次のようになります。

「鎌倉・室町時代から昭和初期まで、市場の機能を活かす市場設計を通じて、日本は経済発展を実現した」。

つまり、市場経済の歴史についての本です。市場経済とは、市場での取引を通じて人々が日々の生活で必要な物資を手に入れることができる仕組みのことです。市場とは、人々が物資を手放して交換する場のことです。市場経済の仕組みのメリットを活かすためには工夫が必要です。すなわち本書は、そういった様々な工夫を、鎌倉・室町時代から昭和初期にかけての年代記として整理したものです。

市場は便利だが不完全

まず確認しておきたいことがあります。市場は便利ですが、その便利さは不完全でもある、ということです。

市場があるからこそ私たちは日用品や欲しいものを買って手に入れることができます。いらなくなった本を売ってくれる人が古本屋にその本を売ってくれたからこそ、欲しい古本を買うことができます。その際、本を売る人はもっと高い値段で買ってくれる古本屋さんを見つけられればそこで売ろうとします。ただし古本屋で古本を買うときには、できるだけ手頃な価格で買おうとします。売る側も買う側も、価格を見て買うか買わないかを決めます。

企業が市場で競争するのは、他社を出し抜こう、あるいは他社にできるだけ遅れをとるまいとするためです。価格競争はその1つです。商品のクオリティが変わらないのであれば、価格が下がった方が消費者にとって好都合です。

ただし、企業は価格だけで競争するわけではありません。技術開発など製品のクオリティについても競争します。ＩＴ企業間の技術開発競争のおかげで、スマートフォンやタブレットの性能は日々向上しています。

しかし市場を野放しにしたり、不適切なルールを設定したりすると様々な不利益が生じます。支払いを拒んで代金を踏み倒すような顧客が増えたら商売はどうなるでしょうか？　水産資源の捕獲に関するルールがないまま、次々と乱獲が横行する事態が生じたらどうなるでしょうか？　自由に製品を市場で販売できるからといって、発明のアイディアが次々に盗用されるような社会で技術開発は進むでしょうか？　顧客の数を増やそうと低料金のサービスを提供するために会社が人件費を切り詰めると、従業員の労働意欲はどうなるでしょうか？

市場経済にはメリットもデメリットもあります。メリットを活かしつつ、デメリットを最小限のものに抑えるにはどうすればよいのかという問題は、市場経済のもとで生活する私たちにとって、常に切実な問題です。市場のメリットを活かしつつデメリットを削減するための工夫、これを市場設計といいます。市場経済が形成されて以降、社会にとって市場設計はなくてはならない工夫なのです。

社会にとってなくてはならない工夫だからこそ、様々な視点から議論することが必要とされてきます。その1つの視点として歴史があります。市場をめぐる議論について、歴史のなかから判断材料を提起すること、これが本書の目的です。

マーケットの進化：7つの局面

様々な市場設計を通じて日本の市場経済は発展を遂げました。その歴史的プロセスを、本書はマーケットの進化と表現します。日本経済の歴史をマーケットの進化として捉えると、次の7つの局面からなる時代区分が成立します。

①律令制の時代：市場経済の黎明（8世紀から11世紀）

律令制のもとでは、中央政府と地方との物資交換を軸とした資源配分が機能していました。ただし、これを補完するかたちで市場経済が形成していきます。その形成過程において商業セクターを担ったのは、寺社、国司と呼ばれる地方官、そして様々な村落の人々でした。

②鎌倉・室町時代：市場経済の発展（**12世紀から15世紀**）

鎌倉・室町時代、商業セクターが飛躍的に成長します。商工業者は座と呼ばれる同業者組合を結成していました。座に属した商工業者らは座中法度と呼ばれるルールに従っていました。各々の座は互いに協調的に座中法度を作成します。この座中法度のもと、商工業者は互いのビジネス活動を監視しあい、不正取引を抑止することができました。

③戦国時代：公権力による市場設計（**16世紀**）

戦国時代、各地の戦国大名が領国内で産業政策を実施します。その代表例が織田信長の楽市・楽座です。商工業者を税制上優遇するのみならず、ビジネス上の様々な権限を保証します。戦国大名の市場設計は領国内に限られたものでしたので、たとえば貨幣制度に関する政策には限界も見出されます。しかし領国内の範囲とはいえ、戦国大名は商工業者に対してビジネス上の安心を与えることに尽力していたのです。

④徳川時代：全国覇者による市場設計（**17世紀から19世紀前半**）

全国の覇者となった徳川政権のもと、金銭取引が活発化するなかで、金銭訴訟も増大します。幕府ことに徳川吉宗は、司法制度の改革に着手します。商工業は株仲間という同業者組合が担っていました。株仲間の解散を命じた政策を実施したことで経済は混乱に陥ります。徳川政権が彼らに特権を付与していたことは、市場経済の機能をサポートすることに繋がっていたのです。

⑤明治維新：産業化の時代（19世紀後半から20世紀初頭）

明治維新は、日本で繊維産業を中心として産業化が進展した局面です。知的財産権の保護、見本市開催など研究開発を促進する工夫が施されます。生産者はそれぞれの産地ごとに結集し、産地ブランディングの展開に努めます。通信業や商社の発達を通じて情報ネットワークが形成されるなか、消費者ニーズを察知し、これに対応するかたちで生産と販売の規模を拡大させます。民間レベルの自助的努力と維新政府の制度整備を通じてマーケットが進化を遂げたのです。

⑥関東大震災：市場の機能を活用した復興（20世紀前半、1920年代）

1923（大正12）年、関東大震災が発生します。震災は首都圏に甚大な被害を与えました。しかしそれは同時に首都圏の都市を再生する契機ともなりました。震災復興は、日本の重化学工業の進展の現れでもあったのです。この復興において重要な役割を担ったのが電力会社です。かねてより進展しつつあったエネルギー政策の転換と相俟って、電力面でのコスト引下げが実現します。その際に特筆すべきは、料金プランの変更を通じて、市場の価格メカニズムを利用した節電を呼びかける経営戦略がとられた点です。関東大震災という自然災害からの復興は、市場の機能のメリットを活かすことで達成された側面があります。

⑦昭和：市場経済、冬眠の時代へ（20世紀：1930年代以降）

日本の市場経済の歴史は、昭和初期に大きな分岐点を迎えます。1930（昭和5）年に浜口雄幸内閣のもとで大蔵大臣井上準之助が金解禁（国際金本位制への復帰）を実施します。これは、市場の機能に対する信頼のもとに断行された政策でした。しかしこの政策は失敗します。やがて戦時統制・戦後改革の局面を迎えます。第2次世界大戦後、日本が戦後復興と高度成長を遂げるなかで、市場の機能に否定的な政策が実施されるようになります。

マーケットの進化を捉える現代的意義・歴史を捉える経済学的意義

戦時統制・戦後改革を経て、1960年代には市場のメリットを否定する制度的枠組みのなかで日本は高度成長を達成します。資金配分にせよ、雇用契約にせよ、価格情報を駆使して人々が競しあうなかで決められるのではなくなります。人々が能力を最大限に発揮するための安定的な仕組みが構築されるのです。

その仕組みにも限界が生じます。1980年代以降のバブルの発生と崩壊を前後して、市場の機能を活かすことの必要性が注目されるようになります。ただしその際に、かつての長い歴史のなかで、日本経済が市場の機能を活かしながら発展してきたことに対してはあまり注意が払われていなかったように思われます。政治家にせよ、実務家にせよ、そして研究者にせよ、日本の経済発展が市場の機能によってサポートされてきたという局面を目の当たりにできなかったことによるものだと思われます。ことに経済学者に関して言えば、歴史研究にあまり強い関心が払われなかったことも反省すべき点かと思われます。

市場設計を通じて、市場経済のメリットをいかにして膨らませることができ、いかにしてデメリットを抑えることができるのかについて、様々な視点から議論を積み重ねることが必要です。どのような制度にせよ、人々の生活に直接の影響を与える以上、議論には慎重さが要求されます。検証も必要です。ただし検証というとき、安易に実験的に政策を施すことはできません。人々の現実の生活がかかっているからです。だからこそ、たとえば実験経済学という分野においては社会実験の方法をめぐって様々な研究蓄積があります。

しかしそれと同時に、私たちは、ある市場設計が経済に対してどのような影響を与えるのかについての実験結果の宝庫に恵まれています。歴史がそれです。ある制度変化の帰結について、史実上の因果関係の有無が観察・識別できるのであれば、それは擬似的に実験観察をしたことになります。

本書が日本の市場経済の歴史を紐解くのは、そういった市場のあり方をめぐる政策議論に対する前向きな姿勢の一助になればよいと考えたからです。

2　市場経済の源流

マーケットの語源

英語の market は、「取引」を意味するラテン語 mercatus が語源です。この語源のスペルから、merchandise（商品）あるいは merchant（商人）といった英単語を連想された方もいらっしゃるかもしれません。『オックスフォード英語辞典』によると、定期市あるいは地方自治体公認の商業区域を指す言葉として market という単語が10世紀頃から用いられました。やがては、抽象的に取引の場を指したり、あるいは取引そのものを表現したりと、語意は広がります。

日本語の場合、市場（いちば）と読むか市場（しじょう）と読むか、文脈によって分けることができます。前者は具体的な取引の場所を指す場合、後者は取引の場を抽象的に捉えている場合の読み方です。市場（いちば）に類するものとして市（いち）という言葉があります。

3世紀末、中国（西晋）の陳寿《ちんじゅ》という官僚が『三国志』という歴史書を著しています。そのなかの「魏書」第30巻烏丸鮮卑東夷伝倭人条、通称「魏志倭人伝」に邪馬台国という国家が紹介されています。この国家の人々の生活について次のような記述があります。

「租賦を収む、邸閣あり、国国市あり[1]」

邪馬台国では、人々が貢ぎ物を納めており、倉庫・邸宅があり、国々に市がある、というのです。当然ながら、注目すべきは「国国市あり」の語句です。中国では商業活動が認められた特定区域として「市」という言葉が用いられていました。その中国の歴史書で「市」という言葉が見出せるのです。したがって邪馬台国においても、公権力が介在する商業区域が設定されていたものと考えられます。

7世紀後半から8世紀初頭にかけて、現在の奈良県橿原市に藤原京という都城が建設されました。この藤原京内部に商業施設として市が建設されていたことが知られています。市は後の平城京や平安京にも設置されていました。歴史的なルーツとして、公的な管理のもとで市が開催されていたのです。

日本語の市《いち》の語源は、「斎《いつき》」と考えられています（柳田 2013）。斎というのは神道において神に使える人を指します。とくにそのような女性を斎女《いつきめ》と呼びました。「斎」という字は、市という言葉とさらに縁があります。鎌倉・室町時代、六斎市と呼ばれる定期市が各地で開かれました。仏教では各月の六斎日（八日・十四日・十五日・二十三日・二十九日・三十日）に特別な戒律を守る慣行がありました。市の開催はこの日付にならっていたのです。

1　石原（1985、48ページ）より。

この点は本書でも言及しますが、宗教的なルールあるいは慣行が鎌倉・室町時代における定期市開催に大きく関わっていました。

公権力の管理や取引をめぐるルール、これらがマーケットの成立には不可欠だったことが、マーケットあるいは市場という言葉の歴史的な源流からも読みとることができます。

モノを手放すということ

人々の生産した物資やサービスがどのように他の人々のもとに行き渡るか、人々が物資をどのように調達しているのか、その成り立ちのことを資源配分といいます。市場取引を通じて資源配分が達成される仕組み、これが市場経済です。

物資やサービスという言葉の代わりに、モノと単純に言い換えておくこととしましょう。市場は交換の場です。モノを得る場所でもありますが、モノを手放す場所でもあります。

と、このように原稿を書き進めるなか、筆者の8歳になる娘が水泳教室の友達との「お菓子交換会」について教えてくれました。

彼女は、小学校から帰宅すると水泳教室に出かけます。この水泳教室では、休憩時間に生徒さんたちがグループを組んでお菓子を交換しあっているというのです。グループのメンバーは全員で10人ほどで、そのうち3人ほどのメンバーが毎週違ったお菓子を持ってきます。そのお菓子の交換会が成立しているのだそうです。

「全員で持ってきたお菓子をまとめて、分けあったりしないの?」
「それ面倒。ってゆうか交換するのが楽しいから」
「交換は楽しいかもしれないけど相手のお菓子がイヤだったら交換したくないんじゃないの?」
「仲良しだから渡しちゃう。ってゆうか別の子と交換すれば嫌いなお菓子はその子が食べてくれるから」

さらに話を聴いてみると、水泳教室には50人程度の生徒が通っており、ほぼ全員がどれかの交換会に属しているそうです。つまり仲良しグループがそれぞれ別個にお菓子交換会を開催しているというのです。お菓子の交換は、どのグループに属しているか、仲間意識を確認しあえる行為なのです。好きなお菓子を手に入れるために交換しているわけではないそうです。つまり、彼女たちにとっては、交換とは人と人とのつながりを自覚できる行為なのです。

一方で、筆者には4歳の息子がいます。彼は、姉が水泳教室から帰るときにたくさんのお菓子を持ってくることを知っています。お菓子が欲しいと言ってもどうやら姉は弟に簡単には応じてくれないようです。そこで息子はお姉さんに対し、「これをあげるから」と筆者の部屋からとってきた印刷用紙を渡すのだそうです。娘は絵を描くのが好きなので、印刷用紙を欲しがることを息子は知っています。つまり我が家では、お菓子を欲しがる息子と印刷用紙を欲しがる娘との間で交換が成立するのです。互いに欲しいモノが交換されているのです。

さて、話を戻しましょう。

市場はモノを得る場所でもありますが、モノを手放す場所でもあります。モノを手放すことには、2つの動機が考えられます。1つは欲しいモノを手に入れて個人のニーズを充足させること、そしてもう1つが仲間意識を持ち続けることです。それぞれの動機から、交換という行為の持つ意味について考えてみましょう。

まずは「欲しいモノを手に入れて個人のニーズを充足させる」という側面に着目します。経済学者ジェボンズ（William Stanley Jevons［1835-1882］）は、交換しようとする両者が、互いに相手の欲しがるモノを差し出せる状況を“double coincident of wants”と表現しました。これは通常「欲望の二重一致」と訳されます。本書では取引相手との「相思相愛」と呼んでおきます。物々交換経済においては、相思相愛が実現しづらいのです。相思相愛でなければ、残念ながら取引が成立しないか、さもなくば少なくとも一方が妥協し、本命ではなかったモノを手にして自らの持ってきたモノを手放すことになります。ここで、交換に貨幣を用いることができれば相思相愛が実現しやすくなります（Jevons 1875）。貨幣には、誰もがお金を受けとってくれる、という性質があるからです。

ニーズの充足という側面から見れば、物々交換は貨幣経済に比べて相思相愛が実現しにくい経済です。しかしだからといって、モノを手放す機会がそれで失われるかというとそうではありません。むしろ貨幣が導入される以前の資源配分メカニズムにおいて、共同体への帰属意識から積極的にモノを手放す動機が生じていました。

そこで次に、「仲間意識を持ち続けること」という、交換のもう1つの側面に着目してみることにしましょう。

市場経済に先行する2つの形態：慣習と指令

1972年にアルフレッド・ノーベル記念経済学スウェーデン国立銀行賞（The Sveriges Riksbank Prize in Economic Sciences in Memory of Alfred Nobel）、通称ノーベル経済学賞を受賞したヒックス（John Richard Hicks［1904-1989］）という経済学者がいます。多岐にわたる業績を残した彼は、経済史についても有益な議論を提示しています。歴史上、市場経済に先行して登場した2つの資源配分メカニズムに注目すべきだというのです（Hicks 1969）。その2つの資源配分メカニズムとは、1つが慣習経済、もう1つが指令経済です。

慣習経済は、各々の共同体でルールが共有され、そのルールのもとで資源配分が達成される仕組みのことを指します。慣習経済の典型としては、カナダのイヌイット族やオーストラリア先住民など狩猟採集民社会で観察される、フードシェアリング（food sharing）が挙げられます。これは、狩りを終えたあと、メンバー全員で獲物を集めて分けあうという慣行です。獲物を獲れなかったメンバーも腹を空かせずに済みます。獲物が獲れないことのリスクを個人に負わせずに集団で負担するのです。獲物が獲れない場合は次回の活躍が期待されます。獲物が獲れた場合には、その実績が集団でのステータスになります。フードシェアリングは地域や民族あるいは部族によって様々なバリエーションがあります（岸上　２００３）。ただしどのような形態であれ、共同体の持続のために積極的にモノを手放す人がいることで機能する資源配分メカニズムと言えます。

慣習経済のさらなる例としては、贈与あるいは互酬と呼ばれるものがあります。贈与とはプレゼントや御中元あるいは御歳暮など見返りを前提とせずに物品を手放す行為です。これは市場経済においては個々人レベルでのイベントですが、慣習経済においては互いに物資を提供あるいは調達する手段となります。互酬とは、互いに返礼しあうことを前提として贈り物をする行為のことです。贈与と互酬は、いずれも血縁的あるいは地縁的な絆や互いの信頼感をベースとして行われます。こういった贈与・互酬を、各々の地域、村落あるいは部族のなかで資源配分メカニズムとしてルール化することで慣習経済は成立します。

市場経済と異なる資源配分システムとして、慣習経済のほかもう1つが指令経済です。これは、政治的あるいは宗教的権威をもつ何らかのリーダー格の存在が強制的な命令を通じて資源配分を実現する仕組みです。たとえばかつてのソビエト連邦では国営農場（ソフホーズ）や集団農場（コルホーズ）のもとで集団的に農業が営まれていました。

指令経済とは命令経済とでも言うべき仕組みであり、ここで言う命令とは軍事的な命令を指します。ヒックスは、王国において王家が戦争あるいは防衛といった事態に備えるものとして、軍事的な命令の一環として資源配分を司る点に着目したのです。つまり個々人は、自分自身の意思とは無関係に、強制的にモノを手放さざるを得なかったのです。

慣習経済あるいは指令経済において、人々は、見返りとは関わりなくモノを手放します。それは、その経済に帰属していることをみずから受け入れていることを示す行為でもあります。

ヒックスは、市場経済に先行する形態として指令経済もしくは慣習経済を位置づけました。その上で、指令経済と慣習経済、それぞれの経済において商人が登場する点に着目しています。指令経済であれば国家間の朝貢貿易の担い手が商人の源流です。慣習経済においては物資の分配に関わる層が商業を担うことで、利潤追求の機会を手にします。

相思相愛の相手を探す手間を省けるのであれば、物資を提供あるいは調達しようとする人々にとっては嬉しい話です。商業セクターが介在することで、異なるニーズを持つ者どうしが事実上マッチングすることになります。これは交換経済ひいては市場経済の発達にとって好都合なことです。

市場経済が形成される局面は、商業セクターが飛躍的に成長する局面でもあります。それこそ鎌倉・室町時代におけるマーケットの進化は、商業セクターの飛躍的成長を通じて市場経済が形成されるという局面の現れとも言えます。

市場経済の歴史は、ことに形成期については商業史とかなり符合します。ただし、資源配分の役割を担うのは商業セクターが介在する市場だけではありません。資金市場、さらには労働市場もまた市場経済の一要素として資源配分に関わっています。鎌倉・室町時代の段階で、金融あるいは労働市場（賃金）に関する取引慣行が徐々に形成されていきます。そして、時代が経つにつれて、資金の提供と調達、あるいは労働力の提供と調達もまた市場の機能を通じて実現していく仕組みが整備されるのです。

3　市場経済に必要な条件

マクミランの指摘

市場のメリットを活かしつつ市場のデメリットを抑える工夫について考えるには、市場がうまく機能するためにどのような条件が必要なのかを検討しておく必要があります。

市場メカニズムについての研究で多くの業績を残した経済学者マクミラン（John McMillan［1951-2007］）は、市場が機能するために必要な条件として次の5つを指摘しています（McMillan 2002）。

（Ⅰ）情報が円滑に流通していること
（Ⅱ）人々が約束を守ると信頼できること
（Ⅲ）財産権が保護されていること
（Ⅳ）第三者への副作用が抑えられていること
（Ⅴ）競争が促進されていること

（Ⅰ）は情報の問題です。いつ、どこで、誰が、どんなモノを差し出してくれるのか、あるいはどんなモノを欲しがっているのか、そういった情報収集が市場取引では必要とされてきます。たとえば本書では鎌倉・室町時代における商工業者の情報共有、あるいは徳川政権下の情報の流通、さらには明治維新におけるマーケティング戦略の一環としての情報収集など、マーケットの進化のあらゆる局面で、情報の重要性を確認することができます。

（Ⅱ）は約束を守る信頼です。市場取引においては、代金を支払ったのに約束の品を渡さない、あるいは商品を受け渡したのに代金を支払わないというような裏切り行為が発生する可能性があります。裏切られる可能性が非常に高ければ、人々は取引に参加するインセンティブを失うことになります。これは市場取引の阻害要因となります。たとえば本書では、鎌倉・室町時代の商工業者間のビジネス慣行、戦国大名の商工業振興策、あるいは徳川政権の司法制度について触れながら、裏切り行為に関する不信感がマーケットでどのように払拭されていたのかについて解説していきます。

（Ⅲ）の財産権は2つの側面から捉えることができます。第1に、取引対象となるモノについて、自分自身の判断で譲渡・販売できる公的な保証があるかどうかです。財産権が保証されるからこそ、市場取引を自発的に行う動機が与えられます。第2に、財産権が保護されることで、利潤追求の動機が与えられるという点です。

（Ⅳ）は副作用の抑制です。副作用とは、ある経済行動が市場取引を経ることなく他の誰かの経済行動に影響を与えることを指します。たとえば騒音や乱獲は他者にネガティブな影響を与えます。

あるいは、新機軸の技術が公にされてこれを誰もが使えるようになれば、ポジティブな効果が現れます。ただしその場合、ライバル業者が新技術を利用できてしまうと、研究開発にコストをかけた業者はそのコストを回収する機会を奪われ、他者に利潤機会を与えてしまうだけになります。このような経済では研究開発が進みにくくなります。研究開発を促すためには何らかのルールが必要になるのです。この点は（Ⅲ）の財産権とも関連しますが、本書では明治維新における知的財産権の制度整備に関してこれをとりあげます。

そして（Ⅴ）が競争です。本書では、大正昭和初期にかけての時期、関東大震災からの復興過程で電力会社がとった戦略を紹介します。電力会社の価格競争、ならびに料金設定に関する経営戦略は、市場の機能を最大限に活かして利潤追求と復興とを同時に達成するものでした。

これら5つの条件は、マーケットの進化に大きく関わりあいがあるものと言えます。ただし、市場が機能する上で必要な条件として、本書が着目するもう1つの要素があります。

それが計算能力です。

計算能力

マクミランの言う、市場の機能に必要な条件として、情報の流通というポイントがありました。情報が円滑に流通するには、たとえば何らかの情報ネットワークが必要と思われます。しかしその情報ネットワークが有効に機能するためには、情報を発信する側にも受信する側にも、情報処理能力あるいは計算能力が必要です。

マクミランの言う別の条件、信頼という点についても同じことが言えます。たとえば取引当事者が契約を交わす際には、契約を記録しておく手段が必要です。もしも当事者間で識字率や読解力に著しい差が生じている場合には契約の交わしようがありません。つまりこれら2つの条件は、人間がある程度の情報処理能力を備えている必要があることを示唆しているのです。

そもそも市場経済が機能するには、人々にある程度の情報処理能力、とりわけ計算能力が備わっている必要があります。ある一定量の生産物を得るのにどれだけの時間労働しなくてはならないのか、どれだけの資源・材料を用意せねばならないのか、計算を働かせます。あるいは自分が得た所得をすべて市場での購入に充てられるのか、もしくはどれだけの割合を将来の消費に割り当てるべきか、判断せねばなりません。

伝統的な経済学の枠組みにおいては、パーフェクトな情報処理能力を発揮する人間像が前提とされていました。しかしながらこれは現実味がありません。近年、この点で注目されているのが行動経済学です。これは、人間の認識や判断には何らかの歪みが生じるという側面に着目するアプローチです。経済学の枠組みにおいては市場経済は不完全なものとみなされます。だからこそ市場設計が必要です。人間もまた不完全なのです。

歴史は、その不完全な人間が認識能力を向上させる長期的プロセスでもあります。ただし個々の人間には寿命があります。その人間が培ってきた能力を将来世代に託す行為、それが教育です。教育を通じていかに多くの人々が情報処理能力あるいは計算能力を高めることができるか、ここにマーケットの進化の大きな鍵が潜んでいます。

鎌倉・室町時代、商業セクターが飛躍的成長を実現した背後事情として、商工業者の学力の高さを指摘することができます。ビジネス文書の作成や為替手形の作成など、それなりの国語力あるいは計算力を備えていたことが窺えます。室町時代にはすでに金銭貸借において複利計算が用いられていたことも指摘できます。

本書の後半では、面積の計算、輸送コストの計算、金利計算、あるいは学校教育の普及といった論点で歴史を振り返ります。そこで紹介される計算能力の年代記は、マーケットの進化と深く関わっているのです。

参考文献

石原道博編訳（１９８５）『新訂魏志倭人伝他三編——中国正史日本伝（1）』岩波文庫

岸上伸啓（２００３）「狩猟採集民社会における食物分配——諸研究の紹介と批判的検討」『国立民族学博物館研究報告』第27巻4号、７２５～７５２ページ

柳田国男（２０１３）『山の人生』角川ソフィア文庫

Hicks, John（1969）*A Theory of Economic History*, Oxford University Press.

Javons, Wiliam Stanley（1875）*Money and the Mechanism of Exchange*, D. Appleton.

McMillan, John（2002）*Reinventing the Bazaar:A Natural History of Markets*, W. W. Norton.（瀧澤弘和、木村友二訳『市場を創る——バザールからネット取引まで』ＮＴＴ出版、２００７年）

第1章

神仏とマーケット

律令制から荘園制へのシフトと前後して、さらに市場経済を通じた資源配分の重要度が増します。商工業者は、有力寺社のもとに座と呼ばれる同業者組合を結成し、宗教的権威を活用します。彼らは、取引に関する約束事や記録を文書として残すだけのリテラシーを身につけることで、裏切り行為を防ぎつつビジネス活動を展開していました。

1　律令制の二側面：指令経済と市場取引[1]

藻塩を焼く、あまおとめ

『万葉集』に笠朝臣金村《かさのあそみかなむら》という人が詠んだ次のような歌があります。

「淡路島　松帆の浦に　朝なぎに　玉藻刈りつつ　夕なぎに　藻塩焼きつつ　海人《あま》娘子《おとめ》　ありとは聞けど　見に行かむ　よしのなければ　ますらおの　情《こころ》は無しに　手弱女《たわやめ》の　思ひたわみて　たもとり　我はそ恋ふる　船梶《ふねかぢ》を無み」（巻第六　九三五[2]）。

（意訳）

「淡路島の松帆崎の海岸に、朝の波の静かな時間に玉藻を刈り、夕暮れの波の静かな頃に藻塩を焼く海女の女性がいると聞く。一目会いたいけれど、そのための手段も勇気もない。なよなよと、心くじけて、おろおろと。私は恋するのみ。船も柁もない」

1　随所で吉田（1983）、栄原（1994）、早川（2000）および櫛木（2002）を参照。

2　佐竹ほか（2013、156ページ）および佐佐木（1927、252ページ）を参照。

歌の中にある「藻塩焼きつつ」という語句は、海藻を天日干しにして塩を抽出し、甕《かめ》や土器のなかで海水と混ぜ、火を用いて加熱して蒸発させる、という工程を指しています。この工程を繰り返すと海水に含まれるミネラルを含んだ塩が採取できます。淡路島をはじめ瀬戸内の各地は、年間、とりわけ夏の降水量が少ないことから全国でも藻塩の生産に適しています。

日本では岩塩や塩湖から塩を採取できません。したがって内陸部の人々が生活に必要な塩を確保するには、内陸部と沿岸部とを結節させる資源配分メカニズムが必要です。万葉集に詠われた藻塩はどのように全国に行き渡ることになったのでしょうか?

律令政府の資源配分：調庸の徴収、そして交易

701（大宝元）年、大宝律令という成文法が制定されます。律は刑罰、令は行政法を意味します。この成文法を基礎として律令制が形成されます。

律令制は、天皇が宗教的権威のもとで土地と人民を支配することを基本理念としています。天皇を頂点とし、朝廷が政治執務を行います。全国を国という行政区画で区分けし、朝廷のある中央から各国に国司と呼ばれる地方官を派遣します。国司は、国衙《こくが》と呼ばれる役所で任国の統治にあたります。

律令政府は租・庸・調・雑徭といった租税・労役を課します。租は土地税であり、これは国衙の財源とされました。庸・調・雑徭は人頭税で律令政府の財源とされました。庸は労役もしくは布・

綿・米・塩の納入、調は特産品の献上、そして雑徭は労役です。

瀬戸内の塩も調庸を通じて徴収されたのです。備前、備中、備後、そして安芸といった瀬戸内の国々は調庸ともに塩貢納国とされました。さらに瀬戸内からは播磨、淡路、讃岐、伊予、そして周防の5カ国が調塩の国とされました。全国は対馬・壱岐を含めると68カ国あるなか、塩貢納国は瀬戸内9カ国を含めて17カ国ほどでした。

国衙には租が集められます。租の大半は米です。律令政府は、確保した様々な物資と国衙の米との交換を要請します。これを交易雑物《こうえきぞうもつ》の制といいます。この制度により、律令政府は米を確保することができ、国衙は米以外の物資を確保することができます。交易雑物の制を通じて、塩をはじめ、調庸として徴収された特産品が各地に配分されたのです。天皇という宗教的権威を頂点とした律令政府が、指令経済による資源配分を実現していたのです。

律令制下の商業セクター：寺社、国司、および村落民

平城京・平安京内には東西2つの公営の市が設置されました。皇族・貴族を除き、多くの人々が市に参加できました。取引に用いられた交換手段は皇朝十二銭（8世紀から10世紀にかけて鋳造された12種類の金属貨幣の総称）か、もしくは米や布など汎用性の高い物品でした。

市で形成される価格、交換比率を和市《わし》といいます。市の担当官職、市司《いちのつかさ》は、各物品の和市を記録して10日おきに沽価《こか》という公定相場を決めます。律令政府が支出する際には沽価が参考材料とな

ります。和市と沽価との乖離幅をなくすため、律令政府はたとえば米の沽価が高騰しそうな場合には米を東西の市で大量に売却するなどの調整策を講じました。

沽価での取引と和市での取引とに参加できれば、双方の乖離を利用して利益を取得することができます。ここに目を付けたのが寺院です。寺院が写経事業や造営事業を遂行する際、律令政府（大蔵省）は人件費を物品（調）から支給します。寺院はこれら物品を市で和市により換金し、沽価基準で人件費を支払います。このとき、和市が沽価を上回る分に応じて利益が得られます。寺院は和市と沽価に関する情報収集を積極的に進めます。

交易雑物の制で物資の輸送業務を行っていたことから、国司あるいは国衙の官吏は各地で開催されていた市での取引に参加していました。彼らも沽価と各地方の市で形成された時価との差額に目を付けます。沽価を口実として時価を無視し、物品を安く買い叩く行為が横行したのです。律令政府はこれを禁じました。761（天平宝字5）年には美作国（岡山県北部）の官吏、県犬養沙弥麻呂《あがたのいぬかいのさみまろ》はこれにより免職処分となりました。

9世紀末に国司として讃岐に赴いた菅原道真は、その体験をもとに「寒早十首」という10首の漢詩を綴ります。次に示すのはその第9首です。

「何れの人にか寒気は早き
寒は早し、塩を売る人

海を煮ること手に随うと雖も
烟《けぶり》を銜《つ》きて身を顧りみず
旱天《かんてん》に平価は賎けれども
風土は未だ商に貧しからず
豪民のひとりじめを訴んと欲して
津頭《しんとう》に吏に謁すること頻《しき》りなり[3]」

（意訳）
「どんな人に寒さは早く訪れる？　それは塩を売る人。海水を煮るのも手慣れたもの。煙のなか身を顧みることなく。日照りが続けば塩は採れすぎ。相場は下落。それでもなんとか成り立つ商売。なのに利益をほしいままの豪民。訴えを起こして港で役人に謁見なんてことも頻繁だ」

この漢詩からは、9世紀の讃岐国で、製塩業が気候の影響による価格変動リスクに直面していたこと、だからこそ価格や取引内容をめぐる駆け引きが熾烈であったことが窺えます。「塩を売る人」

3　川口（1966）、藤原（2002）および宮瀧（2006）を参照。

はしばしば国衙へ訴訟を起こさねばならないほどに、トラブルは頻発していたというのです。

2　荘園制：市場経済の発達[4]

律令制から荘園制へ

743（天平15）年墾田永年私財法は、みずから土地を開墾した場合の土地の永久私有を認めたものです。租税負担を嫌がって所定の土地から逃れた人々の多くは、こうした私領に集まりました。律令政府が人頭税を課すことは困難になります。そこで律令政府は、私領を租税の賦課対象とし、国司に徴税を請け負わせます。村落レベルで私領を手にしていた富裕民は国司と対立し始めます。

10世紀から11世紀、有力貴族や大規模な寺院・神社を荘園領主と仰いで私領を寄進するケースが相次ぎます。土地つまり荘園の収穫物を確保する権利を与えたのです。その目的は、租税免除の権利（不輸租の権）あるいは国司の立ち入りを拒む権利（不入の権）を獲得するための便宜を図ってもらうことでした。荘園領主には、年貢（主として米）・公事（雑税）・夫役（労役）が納められます。寄進した富裕民は、不輸租・不入の権を手にし、みずからは在地領主として荘園を実質的に支配します。在地領主のなかには荘園を守るために武士団あるいは海賊を結成する者も現れます。こうして、律令制の時代から荘園制の時代へとシフトが生じたのです。

荘園制と分業化

律令制のもとでは、律令政府、公家あるいは寺社に手工業者が隷属していました。やがて手工業者は各地を遍歴するようになります。荘園領主は、手工業品を確保するため、手工業者に免税地（給田・免田）を与えて、荘園内への定住を働きかけます。

在地領主や荘園内の村落民も手工業者を重宝します。その代表格が、鍋・釜・鏡を生産する鋳物《いも》師《じ》、あるいは鍛冶です。武士団や海賊を結成していた在地領主にとって、刀鍛冶は貴重な存在でした。また、村落民にとっては、鎌・鋤・鍬といった鋭利な部分に鉄を用いた農具が重要であり、鍛冶の技術に対するニーズが高かったのです。農業の技術進歩は農具に限りません。刈敷・草木灰といった新種の肥料開発、さらには牛馬耕の普及などを通じて、生産に余裕を覚えた者のなかには、麦を裏作として二毛作を開始するなど農業経営の多角化に乗り出します。荘園内で様々な商品作物が生産されたのを受けて、手工業者が酒・酢・味噌・納豆・豆腐・素麺・和紙・陶器・漆器・簾・畳・草履・蝋燭・櫛・扇といった手工業品を生産するようになります。

在地領主の居住地付近に市が開設されました。在地領主の居住地は、政治上の中心地であると同時に、荘園領主への年貢輸送の都合上、交通要所が選ばれていました。市は、河口（中州）、大木

4　随所で豊田（1982a）、佐々木（1996）、桜井（2002）および永原（2007）を参照。

の近く、あるいは虹が立ったとされた場所など、多くの人々の目印となる場所で開催されます。荘園内の村落民はこうした市において様々な生活物資を入手できたのです。

荘園内で分業化が進むとは言え、自給自足的に物資が確保できる荘園は限られます。ここで重要な役割を担ったのが交通業者です。荘園領主に年貢を輸送する業務を担った人々を問丸《といまる》といいます。問丸は物資の遠距離輸送に乗じて、倉庫業や卸売業も兼ねるようになります。さらに馬借・車借といった輸送業者も現れます。交通のイノベーションが、各地の荘園を結節させる働きを保ちながら、社会的分業の進展をサポートしたのです。

マッチングの工夫：商人、定期市、および貨幣

社会的分業が進むなか、取引相手のマッチングを促す条件が揃います。その条件とは、商人の活躍、定期市の開催、そして貨幣の利用、の3つです。

10世紀頃から、神社と結びついていた神人《じにん》、寺院と結びついていた寄人《よりうど》、さらに天皇と結びついていた供御人《くごにん》が商業セクターで活躍していました。これら商人は、宗教的・伝統的権威を背後として、関渡津泊《せきわたりつどまり》の自由通行権や国家の臨時課役の免除といった特権を得ていました。こういった商人が各地の定期市を往来し、仲買の役割を果たしながら資源配分メカニズムをサポートしていたのです。

定期市の開催場所は、多くが在地領主の拠点付近でした。さらにもう1つの重要な開催場所があ

りました。寺社の境内および門前です。宗教行事にあわせて市が開催されたのです。仏教では戒律を守るべき斎日が定められていました。毎月一の位が2の日（2日、12日、および22日）もしくは8の日（8日、18日、および28日）がこれに該当しました。室町時代、6つの斎日に開かれる、という意味をもつ六斎市が各地で開催されます。商取引は、少なからず神仏を意識する場所で行われる営みだったのです。

商人は、定期市で貨幣を用いるようになります。ここでいう貨幣とは、宋との貿易を通じて流入した金属貨幣、宋銭のことです。朝廷および鎌倉幕府は、当初、宋銭の利用を禁止していました。荘園領主が代銭納（中国銭による年貢の納入）を認めるようになると幕府は方針転換します。荘園領主にとっては、年貢・公事として輸送された物資を必要な物資と交換したりそのために換金することよりも、代銭納を認める方が早かったのです。在地領主の側も、荘園内で銭貨が利用されている状況のなかで代銭納を受け入れる素地がありました。

14世紀になると、荘園領主のもとへ遠隔地から年貢を納めるために、商人や貸金業、あるいは輸送業者のネットワークを用いて年貢銭を送金する方法が開発されます。代金として貨幣を支払う側が借用書を発行し、この借用書を取引に利用する制度、為替が登場するのです。こうした決済システムを支えたのが、替屋《かえや》（替銭屋《かえせんや》）あるいは割符屋《さいふや》といったビジネスです。

室町時代、さらに貨幣経済が進展します。幕府は御料所と呼ばれる土地を直轄していましたが、その規模は財政基盤としては不十分でした。そのため棟別銭《むねべつせん》（家屋税）や段銭《たんせん》（土地税）といった貨幣収入に依存することになります。室町時代になると宋、元さらに明といった複数の中国王朝の金属貨幣が流通します。使用するたびに摩耗も著しくなります。加えて、私鋳銭、つまりニセガネも流通していました。売り手は貨幣を受け取る際、撰銭《えりぜに》、つまり銭の選り好みをします。これは取引を滞らせます。幕府は、取引に用いられるべき銭貨を撰銭令《えりぜにれい》で公的に定め、特定の種類の中国銭のみに社会的通用力を与えました。

3　座[5]

塩の荘園

1239（延応元）年、京都の東寺のもとに伊予《いよの》国《くに》弓削《ゆげの》島荘《しまのしょう》が寄進されます。弓削島荘には22の百姓名《ひゃくしょうみょう》があります。百姓名とは荘園の区画単位のうち、荘内の富裕民が経営している土地のことです。弓削島荘は、米や麦が大量に生産できないかわり、塩年貢を京進する「塩の荘園」となります。22の百姓名それぞれに塩屋・塩釜といった施設が附属した塩浜が割り当てられました。各名から東寺に納められる「公物分」は塩が中心です。他には鯛や牡蠣といった海産物が徴収されました。東寺への年貢輸送は、瀬戸、播磨灘、大坂湾を経て淀川を上り、陸揚げするまで1カ月程の船旅でした。輸送を担当したのは問丸あるいは梶取《かんどり》と呼ばれた人々でした。

1292（正応5）年、弓削島から輸送された190俵の塩を、京都七条坊門の塩屋商人が問丸

図表1-1　伊予国弓削島庄問丸申詞

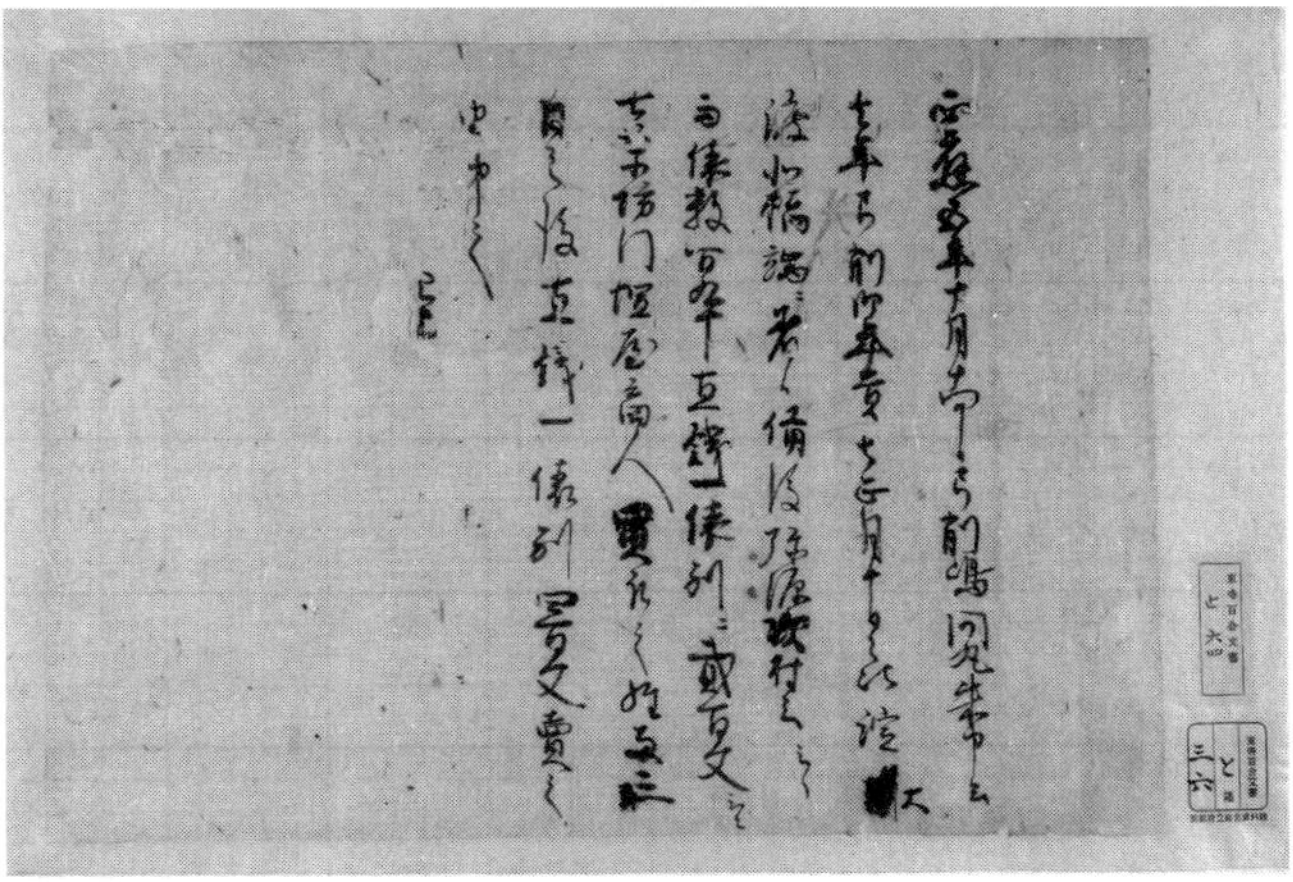

出所）「大日本古文書」3と函64
京都府立総合資料館　東寺百合文書 WEB より

から1俵につき200文で買い取り、さらにこの塩屋商人が両三日後に平安京城内で1俵400文で売りさばいた、という記録が残っています（図表1-1）。この塩屋商人が、相当程度の利益をほしいままにしていたことが窺えます。

室町時代になると、問丸や梶取に代わり船頭と呼ばれる輸送業者が京都に塩を運ぶようになります。積載品目は「備後」が大部分を占めていました。「備後」として輸送される塩の量は、弓削島で生産される量を遥かに上回っていました。このことから、弓削島のみならず周辺の島々で生産された塩を「備後」と総称して陸揚げしていたも

5 随所で、豊田（1982a、1982b）、桜井（1994、2002）、および永原（2007）を参照。

のと指摘されています（愛媛県史編さん委員会　1984）。詳細は今後の研究成果に期待したいところですが、太郎衛門をはじめとする船頭が関わるような何らかの経緯で弓削島荘周辺のコーディネーションが実現し、「備後」の産地ブランディングが促進されたものと考えられます。

塩座

「備後」が内陸部に行き渡る際に重要な役割を果たしたのが塩座です。座というのは同業者組合のことです。塩座は塩商人の組合です。同じ商品に関しても活動拠点によって複数の座が結成されていました。各地に点在した塩座は、営業エリアごとに輸送あるいは販売に従事していました（脇田　1985）。

大和国に行き渡る塩は、堺で陸揚げされてから陸路で運ばれるものか、淀川の支流である京都の木津川を渡って陸揚げされるものが大半でした。堺ルートで塩を運んだのは、興福寺大乗院を本所とした奈良座という塩商人たちです。一方、弓削島から輸送された「備後」は概ね木津で陸揚げされるルートを辿ります。淀には藤原家を継ぐ西園寺家を本所、つまり主と仰いでいた塩座がありました。彼らは木津までの輸送が仕事です。木津で陸揚げを担当するのは、興福寺一乗院を本所とした木津座と呼ばれる座です。

木津座は他の座と同様に座頭と座衆から構成されていました。座頭は複数からなる組織運営のリーダーです。座頭の連帯あるいは情報共有による合議体制に座衆が従うというかたちで座が運営されていました。

座は、営業・販売の権限を得るために、朝廷や寺院・神社を本所と仰いで座役を納めて、忠誠を誓います。本所は座衆に対して供御人・寄人・神人等の身分を与えます。座衆となることで、関所や港など交通要所での自由通行権、あるいは営業権が与えられます。さらに寺社に仕えた場合には、その門前や境内で開催される市での営業や販売に関する権利を獲得できました。

もともと商工業者たちは「古実」あるいは「古法」といった取引慣行に則って行動していました。この取引慣行などを成文化したルールを「座中法度」といいます。同時に、特定の座中法度に即して行動する商工業者の同業者集団を座と定義し直すこともできます。座に加わらずに済むのは特定商品の販路を掌握していた一部の人々に限られました。商工業者は、営業・販売の権利を得るためにどこかの座のメンバーになります。朝廷や寺社といった伝統的・宗教的権威によって立つことにより商工業者はビジネス活動を展開できたのです。

交通要所を抑えた宗教施設は、本所として様々な座を抱えることになります。木津川は、京都と奈良を結ぶ重要な交通要所です。地勢的な特徴として京都と奈良は山が多いため、大量輸送の手段として木津川を利用できることは非常に重要でした。大乗院や一乗院といった興福寺の塔頭がこの木津川を抑えたことで、興福寺は木津川周辺を一円的に支配するかのように商業ネットワークを手中に収めます。14世紀から15世紀にかけて、興福寺の各塔頭を本所とする様々な座が勢力を広げます。15世紀になると、商工業者の勢力は、興福寺側としばしば対立するほどにまで拡大します（徳

図表1-2　油売りの図

出所）離宮八幡宮提供

満　２０１３）。

大山崎神人

木津川という交通要所を抑えた興福寺のように、淀川、桂川さらに宇治川という重要な水路を抑えた宗教的権威があります。それが石清水八幡宮およびその末社である京都大山崎の離宮八幡宮です。

離宮八幡宮は、平安京の守護神ともされた由緒ある神社です。８５９（貞観元）年創建の離宮八幡宮は、石清水八幡宮内殿に灯油を貢進することで本社と強く結びついていたと伝えられています。大山崎離宮の成立年次については、実際はもう少し遅い時期だとする指摘もあります（脇田　１９８１）。とは言え、石清水八幡宮の宗教的権威のもとに集められた有能な人材が、10世紀～11世紀頃から、油の生産・販売に従事していたものと考えられています。これが離宮八幡宮を本所として結成された大山崎油座の源流とされています。ここで言う油とは荏胡麻を原料としたものです。戦国時代に菜種油が開発されるまで、荏胡麻は油の原料のみならず食用としても重宝されていました。

1222（貞応元）年には、大山崎の神人らの油商売に関して、美濃国国司および六波羅探題（鎌倉幕府が西国支配の拠点とした機関）が美濃国不破関の関料（通行料）の免除を言い渡しています。したがって、遅くとも鎌倉時代には、石清水八幡宮や離宮八幡宮の宗教的権威とともに、朝廷や幕府の保護のもと、油売りのビジネスが展開していたことになります。

大山崎の離宮八幡宮は、平安京の守護神であったことから朝廷から保護を受けていました。加えて、源氏や足利将軍家が八幡神を信仰していたことで幕府からも特権を獲得しやすかったものと考えられます。石清水八幡宮と離宮八幡宮の宗教的権威があったからこそ、大山崎神人は広範囲なビジネス活動が可能となったのです。その活動範囲は、尾張・美濃・近江・山城・摂津・河内・和泉・丹波・播磨・備前・阿波・伊予の諸国におよびました。

ただし、大和国については興福寺の権威が圧倒的でした。大乗院の寄人であり春日大社の神人でもあった符坂《ふさか》油座は、鎌倉末期から活動していたことが知られています。あるいは、摂津を拠点としていた木村座は、大乗院・春日若宮を本所としていました。こうした様々な座が勢力を拡大したことは、商取引をめぐるトラブルや座どうしの衝突を引き起こします。

4　トラブルの解決

鎌倉・室町幕府の司法

京都の宮廷貴族、公家には基本法典とする律令のルールが引き継がれていました。したがって公家が荘園領主として荘園内を管理する場合には、このルールが取り沙汰されていました。しかし鎌倉幕府は、ほとんどの人々がこの伝統的なルールを知らないという前提に立って武家の法を制定します。これが1232（貞永元）年に制定された御成敗式目です。

公家のルールに対し、武家には武家の裁判のしかたがある、ということが御成敗式目の制定理念にあります（新田 2001）。御成敗式目は51箇条から構成されています。10世紀初頭に編纂された延喜式は3300条にも及びますから、裁判の基本法典としては条項が少ないものと言えます。このわずか51箇条の法典をもとに幕府の裁判、いわば武家の沙汰が行われます。51箇条の条文そのものが実定法として機能しているというよりも、この51箇条の原則のもとで武家が沙汰を行うことそのものが鎌倉幕府においては重要でした。

鎌倉幕府は、評定衆という機関をおきました。評定衆は御成敗式目に定められたルールに基づいて、ケースごとにトラブルの解決にあたります。訴えに対して、（i）年齢階梯を重視して経験豊富な人間の主張を尊重する、（ii）湯起請《ゆぎしょう》（争う両者に熱湯に入れた石を神棚に設置させ、手の火傷の症状が軽い方を神に認められた勝者とする）や鬮《くじ》のように超越的存在による決着に委ねる、といった手続きがとられました。ことに（ii）は、証拠も証人もなく立証不可能な案件を解決する手立てとされました（山本 1994）。

このため、事実と関わりのない司法判断が下される傾向がありました。たとえば大山崎神人は、荏胡麻購入権の侵害、製油権の侵害、油販売権の侵害、あるいは関所での違乱行為など、多岐にわたって裁判を争いました。相手は播磨国中津河、摂津国道祖小路・天王寺・住吉、あるいは近江国小脇の商人たちでした。鎌倉幕府あるいは室町時代に至っては守護大名が大山崎神人に勝訴判決を下しています。ライバル商人の営業差し止めを求めるような訴訟においてもです。大山崎神人の背後に石清水八幡宮ならびに離宮八幡宮の権威があったという理由だけでそのような沙汰が行われていたのです（桜井 2002）。

商工業者らは証拠となる文書を作成するようになります。交渉や取引内容を口約束で済ませることなく、約束事を明記しておくのです。読み書きする能力、あるいは取引を記録する能力は、商工業者にとって基本的なビジネススキルとなりました。商工業者らは、読み書きや計算に関するリテラシーを身につけることでビジネス面での権利を守ることになるのです。

神仏とマーケット

律令制から荘園制へと市場経済の形成と発展を概観すると、寺院・神社という宗教的権威が非常に重要な役割を果たしている点が浮き彫りにされます。

律令制のもとでは造営事業・写経事業を通じて寺社が商業セクターにおける重要な役割を果たしていました。大規模な寺社ほど、価格情報の入手も含め、様々なビジネススキルが蓄積していたものと考えられます。寺社が神人や寄人を抱えることで手工業品生産をサポートしていた側面も看過できません。神人や寄人は、座衆としてビジネス活動を展開します。あるいは、寺社の境内あるいは門前そのものが、市の開催地というビジネスの実現の場ともなります。

神仏に仕える者どうしが取引をすること自体に、裏切り行為を防ぐ側面がありました。様々な座が結成されることで、これら宗教的権威が利害調整の役割を演じることができたのです。各々の座は経費の分担や定期市への参加スケジュール等について協調行動をとることができました。それら合意形成のもとで、各々の座は組織運営を維持するためのルールとして座中法度を制定していたのです。そのため、メンバーの誰かの行為がルールから逸脱したものであれば、メンバーから追放する処置がとられました（桜井１９９４）。

座の組織運営においては、メンバー間の相互監視、もしくはルール違反に関する情報共有が重要だったものと推察できます。そのような自律的な機能が作用しなかったケースとして、大山崎神人のように権威をほしいままにする集団が現れました。不当な行為を裁けないという、訴訟制度上の限界があったからです。裁判の場で文書が重視されるようになると、公的な司法機関には偽文書を鑑定する技術が要請されてきます。そのための司法整備は16世紀まで待たねばなりませんでした

（桜井 1996）。13世紀から14世紀の段階では、このような不備を解決できる手段に乏しかったという側面は否めません。

それでもなお、商工業者らは、読み書きや計算能力などのビジネススキルを磨きつつ、権利を証明する手段を確保していったのです。鎌倉・室町時代は、信仰によって育まれたマーケットが、神仏から切り離されて行く局面でした。それは、長い時間をかけて、信仰と信用の境界線を超えるかたちで、マーケットが進化を遂げるなかの大きな分岐点だったのです。

参考文献

網野善彦（1966）『中世荘園の様相』塙書房
網野善彦（1984）『日本中世の非農業民と天皇』岩波書店
網野善彦（1985）「中世の製塩と塩の流通」永原慶二・山口啓二編『講座・日本技術の社会史　第二巻　塩業・漁業』日本評論社、43〜91ページ
石部正志（1985）「原始・古代の土器製塩」永原慶二・山口啓二編『講座・日本技術の社会史　第二巻　塩業・漁業』日本評論社、7〜42ページ
愛媛県史編さん委員会編（1984）『愛媛県史　古代Ⅱ・中世』愛媛県
川口久雄校注（1966）『日本古典文学大系七二　菅家文草　菅家後集』岩波書店
櫛木謙周（2002）「Ⅱ商人の登場　1章　商人と商業の発生」桜井英治・中西聡編『新体系日本史12　流通経済史』山川出版社
栄原永遠男（1994）「貢納と財政」朝尾直弘・網野善彦・石井進・鹿野政直・早川庄八、安丸良夫編『岩波講座日本通史第4巻　古代3』岩波書店

桜井英治（1994）「職人・商人の組織」朝尾直弘・網野善彦・石井進・鹿野政直・早川庄八・安丸良夫編『岩波講座 日本通史第10巻 中世4』岩波書店
桜井英治（1996）『日本中世の経済構造』岩波書店
桜井英治（2002）「Ⅱ商人の登場 2章 中世・近世の商人」桜井英治・中西聡編『新体系日本史12 流通経済史』山川出版社
佐々木銀弥（1996）『日本歴史学会編集日本歴史叢書新装版 荘園の商業』吉川弘文館
佐佐木信綱編（1927）『新訂 新訓万葉集上巻』岩波文庫
佐竹昭広・山田英雄・工藤力男・大谷雅夫・山崎福之校注（2013）『万葉集（二）［全5冊］』岩波文庫
徳満悠（2013）「中世都市木津（山城国）の研究――15世紀を中心に」『都市文化研究』15号、40～54ページ
豊田武（1982a）『豊田武著作集第一巻 座の研究』吉川弘文館
豊田武（1982b）『豊田武著作集第二巻 中世日本の商業』吉川弘文館
永原慶二（1980）『岩波全書 日本経済史』岩波書店
永原慶二（2007）『永原慶二著作選集第四巻 荘園 荘園制と中世村落』吉川弘文館
新田一郎（2001）「Ⅱ 中世」水林彪・大津透・新田一郎・大藤修編『新体系日本史2 法社会史』山川出版社
早川庄八（2000）『日本古代の財政制度』名著刊行会
藤原克己（2002）『菅原道真 詩人の運命』株式会社ウェッジ
宮瀧交二（2006）「日本古代民衆史研究と菅原道真『寒早十首』」『史苑』第67巻第1号、95～110ページ
村井康彦（2005）『律令制の虚実』講談社学術文庫、講談社
山本幸司（1994）「中世の法と裁判」朝尾直弘・網野善彦・石井進・鹿野政直・早川庄八・安丸良夫編『岩波講座日本通史8 中世3』岩波書店
吉田孝（1983）『律令国家と古代の社会』岩波書店
脇田晴子（1981）『日本中世都市論』東京大学出版会
脇田晴子（1985）「塩座」国史大辞典編纂委員会編『国史大辞典第6巻（こま～しと）』吉川弘文館、653ページ

第2章

安心とマーケット

荘園制が形骸化し、室町幕府の支配が有名無実化することで、戦国大名の時代が到来します。各地の戦国大名は領国内におけるビジネス上の安心を与えるため、市場法と総称される様々なルールを設定します。商工業者を税制上優遇するのみならず、ビジネス上の様々な権限を保証したのです。戦国大名の権限は領国内に限られたものだったので、とりわけ貨幣制度については限界的な側面も見出されます。とは言え戦国大名の産業政策は、みずからの拠点である城下町が情報集積地として発達する土台を築くことになります。

1　荘園制の形骸化

荘園領主への打撃

荘園領主の多くは、皇族・貴族あるいは有力寺社等であり、京都を生活拠点としていました。その京都が多くの人口を抱えるようになります。しばしば飢饉が発生したことで、村落から多数の難民が京都に流入したのです。なかでも１４２０（応永27）年の応永の大飢饉は深刻な食糧難でした。15世紀前半、物資不足と人口流入とにより京都の米価は他の地域よりも高い水準で形成されました（百瀬 １９５７）。

15世紀全般にわたって都鄙《とひ》間、京都と村落の間に著しい米の価格差が発生していたことは、荘園領主にとっては深刻な問題でした。年貢米を荘園現地の相場で換金し、その銭貨を持って京都に行き米を購入するとなれば、目減りのために著しい損失を被ることになるからです。代銭納が成立した頃からこの問題は生じていました。年貢米や公事を貨幣で納める際には、代銭率すなわち銭貨への交換レートが重要な交渉案件となります。ここで在地領主の側には荘園内の相場（和市）を詐称することでレートを操作し、中間マージンが得られるという魅力がありました。荘園領主に対するこのようなモラルハザードが13世紀後半の時点で横行していました。だからこそ在地領主の側にも代銭納導入を要求する動機があったのです（佐々木 １９７２）。

荘園領主は価格情報を利用するどころか、むしろ翻弄されることさえありました。深刻な食糧難として知られる応永の大飢饉のさなか、1421（応永28）年に播磨国矢野荘をめぐり、東寺の僧侶は年貢米減免を決めます。大飢饉のなか現地での米不足により米価が高騰するだろうから年貢を減免しても差し支えないし、むしろ事実上の増収が見込めるだろうと睨んだのです。しかし京都での米価高騰がより深刻だったため、彼らの収入は見通しに反して落ち込んだのでした（清水 2008）。

村落で米を安く購入し、その米を京都まで輸送して販売すれば利益を得ることができたはずです。しかし、荘園領主はこのチャンスを活かせません。あらゆる物品について、座が地域ごとに営業・販売を独占していたからです。むしろ、年貢米転売ができなかったからこそ、荘園領主は代銭納を導入したはずでした（佐々木 1972；佐々木 1996）。価格情報の競争で優位に立てないなか、荘園領主は権限を骨抜きにされていくのです。

室町幕府の権威失墜

1428（正長元）年、正長の徳政一揆が発生します。これは近江坂本の馬借・車借が徳政を要求して起こした武力蜂起です。徳政というのは借金の帳消しのことです。以後、徳政一揆が頻発します。貨幣経済の進展を通じて貸金業ビジネスが発達したことが背後事情にありました。室町幕府が主要財源とした貨幣収入として土倉酒屋役があります。これは貸金業者である土倉、おなじく貸金業ビジネスに依存していた酒屋に対する課税です。徳政の実施は土倉・酒屋に対して打撃となります。土倉酒屋役は減収します。そこで幕府は、徳政が要求された場合は分一銭（債務額の一割分に相当する手数料）を支払わせることにします。債務者側が分一銭を上納した場合には債務破棄を認める、もしくは債権者から分一銭が上納された場合には債権を認めることとしたのです。

徳政のような集団的な武力蜂起が頻発する背後事情として、金銭トラブルが増大していたことが挙げられます。農漁村における借金においては土地を担保とした貸借契約が交わされることが少なくありませんでした。このため土地に関する権利をめぐる争いを含むかたちの訴訟案件が増大します。

金銭トラブルに起因する民事訴訟は、雑務沙汰と呼ばれます。室町幕府では、政所（幕府の司法機関）が雑務沙汰の申し出を受けてその対処に当たっていました。これに対し、6代将軍足利義教は、将軍の御前で雑務沙汰の裁許を下す体制を整えます。しかし1441（嘉吉元）年に義教が暗殺されたことで、一元化された体制は機能不全に陥ります。8代将軍足利義政は、政所を裁許機関と位置づけ直し、政所の活動をもとに幕府が土地売買における権利を保証する体制を整えます（早島 2006）。

しかし、その体制は長くは続きませんでした。1467（応仁元）年、応仁の乱が発生します。山名宗全と細川勝元という有力大名の対立が、斯波氏、畠山氏、あるいは六角氏など守護大名の家の分裂も引き起こしたのです。守護大名として領国を支配する者、あるいは在地領主層のなかから地域の支配を強める者が現れます。彼らが戦国大名として領国内の支配を強めます。室町幕府の権威が失墜し、荘園領主の権限はすでに骨抜きとなっていたなか、人々は万が一のときにみずからの権利を守ってくれる主体として戦国大名の支配を受け入れます。

2　戦国大名の登場

戦国大名

戦国大名とは「室町幕府・鎌倉府をはじめとする伝統的上位権力に名目的に従うだけで」「政治・軍事行動を独自の判断で行い」「自己の領主権をこえた地域を支配下においた権力」と定義されます（丸島　２０１３、11ページ）。戦国時代においても、天皇および将軍という伝統的な権威が日本を治めているという構図は、形式的には残っています。しかし事実上は、戦国大名が独立国家とでも言うべきかたちで領国を支配するのです。

領国支配は、大名家の当主だけではなく、大名家の家族あるいは彼らに仕える家臣らが組織体として運営されました。大規模な事例となると、１５５９（永禄２）年の「小田原衆所領役帳」によると小田原北条氏の家臣は５６０人ほどを数えます（永原　２００７）。戦国大名は隣国どうしで支配領域等について交渉、言わば外交を重ねます（丸島　２０１３）。家臣団一丸となった交渉がときには戦闘という非常事態を招いてしまいます。

戦国時代は日本経済史のなかでも特殊な局面です。全国レベルで指令経済を通じて資源配分を実現できる主体がいません。さらに言えば市場経済を全国一律の基準で見守ることのできる主体もいません。第1章で説明したように、13世紀から14世紀にかけては、遠隔地取引が活発化してたはずでした。しかし16世紀になると遠隔地取引は停滞します（桜井　2011）。

それにもかかわらず、16世紀後半、各地の戦国大名は領国内の産業振興を図らなければならない事情に直面します。

戦国時代の資源配分

戦国時代、商工業者の活動が限定的となることで、資源配分が不徹底な地域が現れます。深刻なのは、冷害・飢饉・不作といった非常事態が生じたときです。これら自然災害に見舞われた戦国大名の領国内は、物資不足のリスクに常に直面することになるのです。それでもなお、人々には物資を調達できる場がありました。それが戦場です。

戦国大名あるいはその配下の家臣どうしの戦闘は例外的に生じた非常事態とでも言うべきものでした。むしろ戦国時代は、武装化した農民や漁民らによる村落内外での紛争が頻発していたのです。戦国大名どうしの戦闘にせよ、村落間紛争にせよ、勝者は敗者側の土地に侵入します。そして戦利品として様々な物資、場合によっては労働力すなわち人間を収奪するということが横行していたのです（藤木　2005）。

戦国大名の領国支配は、大名家と家臣団の主従関係を軸として、領国内の村落に及びます。その村落が、みずからの運営に反して近隣と紛争状態になることは戦国大名にとって都合のいいものではありません。他の戦国大名との交渉、言うなれば外交政策においても無視できない問題です（丸島 2013）。隣国との戦闘リスクを削減するためには、村落間紛争をできる限り抑制しなくてはなりません。物資不足のリスクがつきまとう以上、村落間の戦闘を長らく避けることは難しいことでした。飢饉対策を中心として、村をどのようにして支配するのかは、戦国大名の重要な政策課題となります（黒田 2005）。戦国大名にとって産業振興は重要な政策課題となったのです。

戦国大名の課題と壁

戦国大名は村落民の支持を得るための手段を講じます。たとえば小田原北条氏は、目安箱を設置しています。領主層が規定以上の年貢米を徴収しようとした場合には直訴させるようにしていました。領国支配が受け入れられる素地を、司法制度の機能を通じて形成する意図が窺えます（黒田 2005；永原 2007）。

支持基盤を固める政策として看過できないのがインフラ整備です。小田原北条氏の小田原早川用水、あるいは甲斐の武田信玄の、信玄堤と呼ばれる堤防はその例と言えます。インフラ整備には特殊な技能を持ち合わせた大量の労働力が必要です。たとえば信玄堤のような堤防であれば、石切《いしきり》と呼ばれる職能民や番匠《ばんしょう》といった建築工を動員することになります。

戦国大名は、寺社に仕えていた職能民に、その寺社との関係を断ち切らせ、みずから雇っていました。ただし、雇われ続けることで職能民は経済的に自立しはじめます。しかも特殊な技能を持ちあわせていることから、戦国大名には貴重な存在です。このため、職能民が戦国大名に抵抗することも見られるようになります（笹本 1988）。戦国大名は、それなりのインセンティブを職能民に与えるだけの富を手にしていなければならなかったのです。

ただし年貢米を増徴しようものなら、領国支配は受け入れられにくくなります。戦国大名が財政基盤を固めるためには、領国外の物資を調達する必要がありました。軍事力を動員するための武具や馬具の調達という規模を超えて、領国外の様々な物資を入手する必要があったのです。戦国大名にとって、様々な商工業者が領国内で活動できるようにすることが重要な政策目標となります。

ここで戦国大名にジレンマが生じます。全国を制覇する主体がないからこそ可能だった領国支配です。しかしながら、支配が領国内に限られるなかで、領国外の商工業者を誘致しなくては領国支配を持続できなかったのです。様々な職能民はもちろん、座に属していた商工業者も誘致の対象となります。後者であれば座中法度を遵守してのビジネス活動です。特定の戦国大名の意向に従う動機がありません。その上で、商工業者を誘致しなくてはなりません。

みなさんが戦国大名ならどうしますか？

3　市場法

市場法

鎌倉・室町時代の定期市については、支配権力から無縁の場であったとして商工業者らの活動を特徴づけることもできます（勝俣 1979；網野 1987）。その一方で、13世紀頃から、在地領主が法令を発するなどして定期市に関するルールを設定したケースが確認できます。鎌倉・室町時代の在地領主あるいは戦国大名らが発した定期市のルールを市場法《いちばほう》と総称しておきます。

図表2-1は、1270年代から1600年代まで、20年を1期間として17期間での市場法制定ケースの増減を示したものです（合計で70ケースあります）。13世紀から14世紀までは幕府支配のもとで在地領主が発した例が散見されます。しかし14世紀末から15世紀にかけては市場法制定について空白の期間があります。16世紀、1550年代から1580年代にかけて市場法が頻繁に制定されるようになります。戦国時代の終わり頃に激増する動向が窺えます。

市場法で定められたルールとして、喧嘩口論あるいは押買《おしかい》を禁止するというものがあります。押買とは不当に安い料金で商品を購入しようとする行為を指します。喧嘩口論あるいは押買が横行するような定期市には、商工業者らは近寄ろうとはしないはずです。戦国大名が領国内の定期市に商工業者を誘致するには、こういった行為を禁止して安心感を与える必要がありました。もっとも、

図表2-1　市場法制定数の推移（1460年代から1600年代まで）

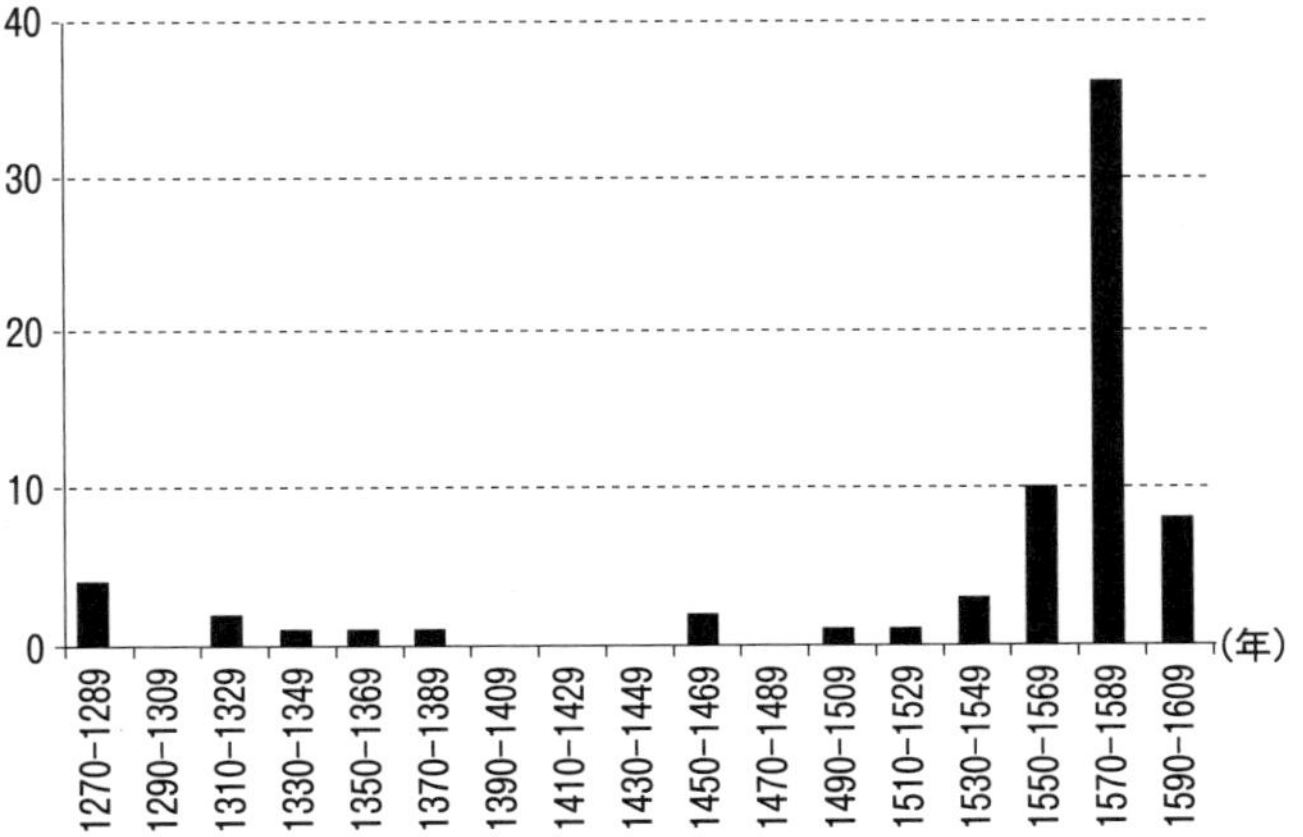

出所）佐々木（1994、24-27ページ）第1表

このタイプのルールはすでに鎌倉・室町幕府の支配が機能していた13世紀から14世紀の在地領主も行っていたことでした。

1353（文和2）年に安芸国沼田荘（現在の広島県）で開かれた市庭《いちば》（市場）に関する小早川家の禁制では、小早川家が雑務沙汰を取り扱うものと定めています。これは、応仁の乱が起きる以前の段階で、在地領主が金銭・貸借トラブルの解決役を宣言していたケースと言えます。

押買や乱暴狼藉の禁止、あるいは雑務沙汰の取り扱いは、戦国大名が登場する以前から在地領主が市場法として規定していたことでした。戦国大名にはさらなる制度上の工夫が必要でした。

楽市楽座

楽市楽座は、戦国大名が領国内において伝統的権威を否定する経済特区を設定し、そこでの営業権を商工業者に対して保証するという政策です。

課税免除権・自由通行権が与えられ、誰もが商売を行えるようになったのです。誰もが商売をしてよいと定める代わりに、分け隔てなく誰もが押買や狼藉を犯してはならないと定められました。さらに、座を設定して座公事を徴収することを禁止したり、楽市場住人の債権については徳政令の対象とせず債権保護を徹底したりするなど、付随的なルールを備えた市場法も制定されました(勝俣 1979:安野 2009)。

1549(天文18)年の「六角氏奉行人連署奉書案」(『今堀日吉神社文書』)は、近江国(現在の滋賀県)の観音寺城を本拠としていた戦国大名、六角定頼が城下町の石寺新市に対して出した市場法です。目下のところ、これが「楽市」という言葉の史料上の初見です。

実際に人々の前に掲げられた木製の制札が現存している最古のケースが、1567(永禄10)年に織田信長が岐阜の加納に発したものです。

定　楽市場

一　当市場越居の者、分国往還煩い有るべからず、並びに借銭・借米・地子・諸役免許せしめおわんぬ。譜代相伝の者たりといえども、違乱有るべからざる事

一　押買・狼藉・喧嘩・口論すべからざる事

一　理不尽の使入るべからず。宿を執り非分懸申すべからざる事

右条々、違犯の輩においては、速やかに厳科に処すべきもの也、よって下知件の如し
永禄十年十月　日　（花押）

（意訳）
楽市場の皆さん、次のように取り決めさせていただきます。
一　こちらの市場にお越しいただきお住まいになる皆さんには、当方管理下の地域はお気兼ねなく行き来なさって構いません、また、以前の管理人さんへの未支払い金を私どもにお支払いいただくことはございません。従前よりお越しいただいた方々におかれましては、ご新規にお越しいただく方とのトラブルのないようご配慮ください。
一　押買・狼藉・喧嘩・口論は禁止です。
一　私どもの使いは決して理不尽なことは致しません。この者どもが宿をとるなど、ご迷惑をおかけすることも致しません。
これらのルールをお守りいただけない方につきましては、ただちに厳罰とさせていただきますのでお知らせの件、ご承知おきください。
永禄十年十月　日　信長

この加納楽市令は、斎藤龍興らとの戦闘の末に織田信長が稲葉山城を勝ち取り、これを岐阜城と

改めて美濃を支配下に治めた直後に発された市場法です。冒頭で「楽市場」と呼びかけていることから、加納はもともと楽市とされていたことが窺えます。これを信長があらためて楽市と呼びかけることは、1つには信長による安全宣言の言い渡しという解釈ができます（勝俣 1979）。そしてもう1つ、従前の楽市の提供主体（円徳寺）の権限を遠回しに軽減したとも解釈できます（安野 2009）。

1569年に岐阜を訪れたイエズス会宣教師ルイス・フロイスは、信長の支配下にあった当時の岐阜の賑わいを次のように記しています。

「人の話では、この町には八千人乃至一万人の町民があるそうです。…（中略）…家の中では商取引が盛んで、バビロンの混雑のように見えるほどでした。そこには方々の国から塩やその他の商品を負うた多数の馬を曳いて商人たちが集まって来たからです」

（フロイス 1970、242ページ）

信長はその後も、加納をはじめ尾張国の国府宮《こうのみや》や近江国の金森に楽市令を出します。制度設計の経験を重ねて発されたのが1577（天正5）年の安土楽市令でした。市場法のなかでも、条項数が13条と比較的多めです。税制優遇や暴力行為の取締りにとどまらず、楽市に居住する商人らの自治組織を前提として彼らに権限を委譲していました。楽市令は、楽市場に居住する商人との契約というかたちで発されていたのです（長澤 2014）。

城下町

楽市楽座は、座の本所にとっては打撃でしたが商人たちにとってはビジネスの新天地が与えられたものでした。戦国大名は有力商人との結びつきを強め、領国支配の基盤を固めます。

越後上杉氏は領国内の土地からの年貢米が思うように徴収できずにいました。そのため都市の流通を促進し、通行税を徴収する体制を築き上げます。ここで注目されたのが青苧《あおそ》です。ときにカラムシとも称されるこの植物は繊維の原料として重宝されました。青苧から作られる布や織物は源頼朝が後鳥羽天皇に献上したとして高い知名度を誇った名産品でした。この青苧の商人を統括していたのが青苧座です。青苧座は、藤原摂関家の流れを汲む三条西家を本所としていましたが、長尾（上杉）氏の支配に属します（豊田 1982）。長尾為景は青苧座の統括を蔵田五郎左衛門という有力商人に任せ、彼の協力を仰ぎながら産業振興政策を図ります（永原 2007）。

この他にも、駿府今宿の豪商友野座を支配下においた今川氏、越前北庄の唐人座と結びついた織田氏・柴田氏など、戦国大名は座を支配下におきます（脇田 1969）。彼らは遠隔地取引の実績があるこうした有力商人を招いて、城下を活動拠点とさせたのです。ここに、城下町というビジネスの一大拠点が形成されることになります。

築城については、地形あるいは築城当時の産業・物流の状況に応じて様々な類型がありました

（千田 2000；永原 2007）。いずれのタイプにせよ、戦国大名は、軍事要塞を中心とした政治の中心地のみならず、商業の中心地として城下町形成を目指します。

それは荘園制下の在地領主がまったく持ち得ない発想でした。それこそ鎌倉時代の在地領主は各々が在地領主としての権限、すなわち職に基づいて職の体系を維持することが重視されます。これを破った場合、評定衆の裁判を経て処罰の対象となります。そのため在地領主の軍事的拠点と市場とを結びつけることができなかったのです（永原 2007）。

荘園内での定期市は在地領主の拠点となる交通要所、あるいは川の中州など、多くの人の目につく場所で開催されました。しかし、たとえば中州は氾濫が頻発します。市の開催地として、災害リスクの高い場所は避けられていきます。宿《しゅく》も同様です。宿は遍歴する商工業者にとって休息の場です。宿もまた災害リスクの低い場所に、市に近接して設置されます。宿には犯罪のリスクもあります。商工業者が宿を利用することの利益に着目した在地領主は、犯罪抑止を含め、良質なサービスを提供するために村落民を動員します。ある者は宿の警護に当たり、ある者は食事を提供し、さらにある者は話し相手として旅の楽しみや安らぎを与えます（笹本 1994）。

宿は情報交換の場ともなります。村落民はサービスを提供することで、様々な情報を入手します。村落民に直接有用な情報もあったでしょうが、何より別の商工業者にとって有用な情報も蓄積されていきます。1585（天正13）年のものとされる小田原北条氏の傘下にあった松山城主上田氏の書状には、領国内の市が手狭になり、問屋も含め宿を包摂した市を別の場所に再設置する意向があることが記されています（宇佐見　２００１）。宿は情報だけでなく物資の集積地、つまり問屋の機能を備えながら市と併設されるようになります。

戦国大名の城下町形成は、こういった市と宿との機能をも包摂しながら、物資や情報が蓄積するビジネス拠点の成立へとつながっていったのです。

4　撰銭令

多様な通貨

２０１４年、京都市で約5万枚の銅銭入りの壺が発掘されました。これらはいずれも15世紀から16世紀にかけて利用されたものです。サンプル調査では明銭の代表例ともされる永楽通宝が最も多かったそうですが、53種類も確認されました。インターネット上では「この『銭』の多様性がまさしく室町時代ですね」という意見も出されました[1]。

第1章で説明したことのおさらいです。室町幕府はしばしば撰銭令を発します。鋳造年代ごとに異なる金属組成の中国銭が流通しています。そしてそれぞれの種類の銭貨について、摩耗の度合い

1　https://twitter.com/1059kanri/status/574039845447712768（最終アクセス日：２０１５年11月7日）

も変わってきます。ともすれば私鋳銭をつかまされるかもしれません。多様な通貨が流通するなかで売り手が撰銭することで取引が滞ります。室町幕府は撰銭令を通じて特定の銭貨に社会的通用力を与えました。

戦国大名も撰銭令を出します。ただし、戦国大名の支配は領国内に限られます。したがって撰銭令はローカルルールということになります。領国支配と同じ地域内でしか貨幣に社会的通用力を与えることはできないのです。このことは戦国大名どうしの同盟とも大きく関わることになります。たとえば武田氏、後北条氏および結城氏は歩調をあわせて撰銭令を発令していました。

もっとも、その武田氏領内でも次のような事態が起きました。富士参詣のため富士浅間社にお参りに来る人々のなかに、領内で悪銭とされた銭貨を賽銭として持ち込んでしまう人がいたのです。これでは神社側が賽銭から造営費を捻出することができなくなります。まさに「悪貨は良貨を駆逐する」事態が起きていたのです。武田氏は、新たなる対策として、富士参詣の通路に利用可能な銭貨を明示しなくてはなりませんでした（滝沢 1996）。

戦国大名の模索

戦国大名は貫高制、すなわち金銭表示で所領を把握し、家臣に軍役を課すことで領国内を支配するという仕組みを採用していました。年貢納入にも中国銭を使わせていました。しかし、撰銭令をローカルルールとしてしか定められない点には限界がありました。

中国銭は銅銭でしたから、金貨や銀貨ほどの貴金属的価値がありません。実際、時代別に貴金属的価値の推移を調査してみても物価変動が説明できないそうです（齋藤ほか　２００２）。人々の貨幣に対する信認については幕府あるいは在地領主がいかにして通用力を与えるかが重要だったのです。

ただし、戦国大名の撰銭令は、貨幣の通用力を与えるとしてもローカルルールにすぎません。そのため貴金属的価値に裏打ちされた貨幣を鋳造してこれに通用力を与えようとする戦国大名も現れます。越後の上杉氏です。上杉氏は金山開発を通じて天正金と呼ばれる通貨を鋳造しています。一方で撰銭令が出されたことがない点で、上杉氏の通貨政策は特徴的とも言えます（永原　２００７）。なお、武田氏も金堀と呼ばれる職能民を動員して積極的に金山開発に着手していることも知られています（笹本　１９８８）。また、毛利氏は石見銀山の開発を通じて石州丁銀と呼ばれる銀貨を鋳造していました。

各地で戦国大名が金山あるいは銀山の開発に取り組んでいましたが、小田原北条氏は撰銭令を頻繁に出しています。しかも納入の際にはそれが「精銭」であることが要求されていました。ただし、精銭だけを集めさせることの負担が考慮され、米の納入も認められます（永原　２００７）。

撰銭令のコストを負担せずに金貨の鋳造を選んだ上杉氏、双方を模索した武田氏、あるいは撰銭令を徹底しながらも年貢米上納を許容する小田原北条氏、いずれも、貴金属的価値のない多様な銭貨に関するローカルルールを設定することの限界を乗り越えようとしていたのです。

16世紀後半になると銭貨は少額取引にのみ用いられるようになり、かわりに米が大規模な取引の交換手段となります（浦長瀬 2001）。全国を支配する統一政権が出現する前段階として、米が貨幣として社会的通用力を持つようになるのです。ここに後の石高制の歴史的前提が現れたのです。

安心とマーケット

戦国大名の市場設計は、楽市楽座を盛り込んだ市場法制定を契機として、城下町という物資と情報の集積都市を形成するという成果をもたらしました。それは、領国支配に限られた戦国大名が、商工業者に安心を与えることで領国内の産業振興を図ろうとした成果でもあります。戦国大名の産業振興策は、みずからの拠点である城下町が情報集積地として発達する土台を築いたのです。ただし、戦国大名の制度設計が領国内に限られるという点は貨幣政策に関して限界的側面を露にすることにもなりました。

戦国大名の商業振興政策、さらには宿泊サービスの発達を受け、商工業者は城下町を拠点としてビジネスするか、さもなくば城下町と村落、もしくは城下町と城下町の間を往来します。こうした2つの商工業セクターが成長するなかで、後の徳川政権の時代ほどではないにせよ、各地の村落の物資の取引もまた活発化していきます（永原 1992；永原 2007）。商工業者が安心してビジネスできる場である各地のマーケットが数珠つなぎとなるなか、日本の市場経済はいよいよ全国の覇者となった徳川の時代を迎えます。

参考文献

網野善彦（1987）『増補　無縁・公界・楽――日本中世の自由と平和』平凡社選書
安野眞幸（2009）『楽市論――初期信長の流通政策』法政大学出版局
宇佐見隆之（2001）「Ⅱ　日本都市社会の諸相　4章　津・市・宿」佐藤信・吉田伸之編『新体系日本史6　都市社会史』山川出版社、227~249ページ
浦長瀬隆（2001）『神戸大学経済学叢書 中近世日本貨幣流通史――取引手段の変化と要因』勁草書房
勝俣鎮夫（1979）『戦国法成立史論』東京大学出版会
黒田基樹（2005）『歴史文化ライブラリー200 戦国大名の危機管理』吉川弘文館
黒田基樹（2014）『戦国大名――政策・統治・抗争』平凡社新書
齋藤努・高橋照彦・西川裕一（2002）「古代銭貨に関する理科学的研究――「皇朝十二銭」の鉛同位体比分析および金属組成分析」IMES Discussion Paper Series, Discussion Paper No.2002-J-30, 日本銀行金融研究所
桜井英治（2011）『贈与の歴史学――儀礼と経済のあいだ』中公新書
佐々木銀弥（1972）『中世商品流通史の研究』法政大学出版局
佐々木銀弥（1994）『日本中世の都市と法』吉川弘文館
佐々木銀弥（1996）『日本歴史叢書　日本歴史学会編集　荘園の商業』吉川弘文館
笹本正治（1988）『戦国大名と職人』吉川弘文館
笹本正治（1994）「市・宿・町」朝尾直弘・網野義彦・石井進・鹿野政直・早川庄八・安丸良夫編『岩波講座　日本通史第9巻　中世3』岩波書店
清水克行（2008）『歴史文化ライブラリー258　大飢饉、室町社会を襲う！』吉川弘文館
千田嘉博（2000）『織豊系城郭の形成』東京大学出版会
滝沢武雄（1996）『日本歴史叢書　日本歴史学会編集　日本の貨幣の歴史』吉川弘文館
豊田武（1982）『豊田武著作集第一巻　座の研究』吉川弘文館
長澤伸樹（2014）「楽市楽座令研究の軌跡と課題」『都市文化研究』16号、103~110ページ

永原慶二（1992）『室町戦国の社会　商業・貨幣・交通』吉川弘文館
永原慶二（2007）『永原慶二著作集第六巻　戦国期の政治経済構造　戦国大名と都市』吉川弘文館
早島大祐（2006）『首都の経済と室町幕府』吉川弘文館
藤木久志（2005）『雑兵たちの戦場――中世の傭兵と奴隷狩り』朝日選書777
フロイス、ルイス（1970）柳谷武夫訳『日本史4――キリシタン伝来のころ』東洋文庫
丸島和洋（2013）『戦国大名の「外交」』講談社選書メチエ
百瀬今朝雄（1957）「室町時代における米価表」『史学雑誌』第66編第1号、58～70ページ
脇田晴子（1969）『日本中世商業発達史の研究』御茶の水書房

第3章

徳川とマーケット

徳川政権は、石高制を基盤として大名を支配するとともに、各大名に領地の支配にあたらせていました。大名の支配は、市場経済の発達を前提条件とするかたちで成立していました。江戸近辺と大坂近辺とでは流通する貨幣が異なっていました。ここで為替業務を担ったのが両替商です。両替商は、決済手段と資金とを巧みに提供することで東西二大商業圏を結節させる役割を果たしました。徳川政権は、当初、商人が同業者組合どうしで結託して買い占めなどを行う点を問題視し、同業者組合を単位として商業統制に組み入れます。徳川政権は、組合を株仲間として公認するかわりに営業税として冥加金を徴収することでこれを財源に充てます。株仲間商人は、公権力の後ろ盾を受けつつ徳川政権下の市場経済をサポートしたのです。

1　徳川の支配[1]

徳川の大名支配

１６０３（慶長8）年、徳川家康が征夷大将軍に就任します。家康、秀忠、そして家光の三代を経て、徳川政権が成立します。徳川将軍家を頂点として各々の大名を従えた武士階級が全国を支配する時代が訪れます。

武士には知行高、つまり軍役負担の大きさとして石高が与えられました。1石は大人が1年間で食べる米の量であり、約１８０リットル分の升に入る量です。武士は石高に応じて役職が与えられ、俸禄米が支給されました。武士は、在地領主としてではなく、城下町に住む俸給生活者となったのです。

徳川政権には直轄領がありました。後の明治政府はこれを天領と呼びます。天領は18世紀には４００万石に達します（大野　１９９６）。徳川政権に従う武士は3種類に区分されます。1万石以上が大名、1万石未満の者のうち将軍が参加する儀式に参列できる者が旗本、それ以外が御家人です。

1　特に断りのない限り、宮本・上村（１９８８）、速水・宮本（１９８８）、本城（２００２）、速水（２００３：２０１１）および高槻（２０１２）を参照。

ただし御家人には知行地は与えられず、大名・旗本から俸禄を受け取っていました。

大名は親藩、譜代、そして外様の3種類に区分されます。親藩は将軍後継者の資格をもつ徳川一族で、御三家（紀伊藩・尾張藩・水戸藩）あるいは、のちの御三卿（田安家・一橋家・清水家）です。譜代は1600（慶長5）年の関ヶ原の戦い以前からの家臣です。彼らは要職に就く一方で政権を転覆させるほどの軍事力つまり石高は持てません。ただし、昇進した場合に石高が増やされるというインセンティブが与えられました。そして外様は要職に就くことが例外的だったものの、大規模な石高が与えられます。ただし、外様の知行地としては関東や京都・大坂あるいは東海道沿いなど要所は省かれます。このような政治上の発言力と石高とのトレードオフ（一方を高めるともう一方が犠牲となる関係）が、徳川の大名支配を支えたのです（村川 2000；藤井 1999；藤井 2002）。

大名の妻子は江戸の藩邸で生活し、大名は定期的に知行地と江戸の屋敷を往来します。これが参勤交代です。原則毎年4月に、交代での江戸への参勤が命じられました。多額の出費により外様の財政力や軍事力を抑えようとする徳川政権の意図が窺えます。その一方で、大名や家臣にとっては見聞を広めることのできる絶好の情報収集の機会でした（ヴァポリス 2010）。

大名の支配と商業

大名は検地に基づいて年貢米など租税を徴収します。検地というのは土地の面積の測量と耕作者

（名義上の租税負担者）の確定を行う事業です。各租税負担者に石高が割り当てられ、その石高に応じて年貢の納入量が決まります。本年貢は原則として米です。ただし米が収穫されない村落では別の物資で納めるか、さもなくば石代納すなわち貨幣で納めることも可能でした。

石代納が認められていたということは、村落における商業セクターの活躍を認めていたことになります。ただし、広島・阿波・長州などでは他領米の流入が禁止されたり、長州・加賀・彦根などでは年貢皆済つまり完納する以前における借用米返済や米の売買を禁止するなど、大名が年貢米徴収を優先するために規制を実施したケースもあります。

大名は、年貢米を米商人に販売して収入を得ていました。このときの販売価格として用いられた相場を張紙値段《はりがみねだん》といいます。張紙値段は、市場価格を参照していたとは言え、徳川政権が決定権を持っていました（岩橋 1981；高槻 2012）。大名はその収入をもとに商工業者から物資を購入していたのです。当然ながら自分自身にとっての消費はもちろんですが、領地支配に必要な物資を調達するための支出も含んでいます。市場経済の発達を前提とするかたちで各々の大名の支配が成立していたのです。各々の大名が物資の徴収・販売を一元的に管理する機構が成立するとともに、その販売活動に対応するだけの商業セクターが存在するという条件があったからこそ、大名の支配が成立していたとも言えます。

大名が領主米を販売し、物資を調達する場所として繁栄したのが、「天下の台所」とも称された大坂でした。大名が一同に物資を送り届けることができ、さらにその場で各地域の特産品を調達するには港湾設備・倉庫施設と海上交通ルートが開発されている必要がありました。

大坂では堂島、中之島、あるいは天満など運河の河岸に蔵屋敷が次々と設置されました。大名らは大坂の蔵屋敷に年貢米を輸送するため領内に港湾施設を整備し、輸送ルートを築きます。東北・北陸の諸大名は日本海海運および琵琶湖海運を利用した大津を拠点とする北国米ルート、あるいは中国・四国・九州の諸大名は瀬戸内海を利用した西国米ルートを築きます。これら2つを基本的な軸とする大坂廻米ルートが成立します。さらに、菱垣廻船《ひがきかいせん》・樽廻船と呼ばれる航路が開発され、大坂に集められた物資、ことに樽廻船は酒を江戸に輸送していました。17世紀後半になると北国米ルートを太平洋側に延長して南下し、銚子および伊豆半島下田を経由して江戸に辿り着く東廻航路が河村瑞賢により開発されます。

こうして海上交通が開発されるなか、大坂あるいは京都といった上方地方には、諸大名が領内では調達できない様々な物資が集積するようになります。塩はその代表例ですが、とりわけ京都は高級品である西陣織や蒔絵・漆器など美術工芸品の産地でした。あるいは大坂の名産品としては木綿織、酒、さらに金属加工品がありました。大坂から江戸に運ばれるものは「下りもの」としてブランド扱いされます。蔵屋敷で蔵米の保管あるいは入札業務を行う実務担当者として、諸大名は大坂の商人を蔵元および掛屋として起用します。蔵元は蔵屋敷の管理を担当します。掛屋は代金の収納や送金業務にあたります。蔵元が掛屋を兼営するケースは珍しくありませんでした（宮本 1970）。

蔵屋敷に代金が収納されるのは秋から冬にかけてです。大名は恒常的に貨幣が必要ですので、掛屋から前借りしなくてはなりません。ただし、気象変動や自然災害など稲作にはリスクがあります。掛屋は前貸しの際にリスクプレミアム、つまりは利子を請求します。同時に、債務不履行に遭わないよう年貢米を引き当てる、言わば担保とするのです。蔵屋敷に年貢米が届けられて誰かが購入すれば、掛屋はその代金のうち貸付金の元金と利子を差し引いて大名に渡します。代金が元利合計に達しない場合は、大名の年貢米を引き当てるのです。ここに、大名貸ビジネスがスタートします。

蔵元や掛屋は、大名による領主米販売と物資購入を引き受けるビジネスのみならず、大名貸ビジネスにも関わることになります。大坂と江戸では異なる貨幣が流通していたことから、これら2つのビジネスを、異なる貨幣を交換する両替業務にあたった商人が担って行くことになります。それが両替商です。

2 両替商

三貨体制

大名が大坂に蔵屋敷を設置するとき、大坂で得た代金を江戸の屋敷に送金しなくてはなりません。この送金ビジネスを担ったのが両替商です。それは同時に、外国為替業務を兼営したビジネスとなります。それは地域ごとに異なる通貨が流通していたためです。それは「江戸の金遣い、大坂の銀遣い」、あるいは三貨体制とも呼ばれる貨幣制度となりました。

徳川政権は金貨・銀貨・銅貨を鋳造しました。貨幣鋳造を担う職能民集団として、金座・銀座・銭座が結成されます。金座は江戸本石町に設置されたものに一本化されました。江戸近辺で金貨が大量に供給されやすくなったのです。銀座は江戸にも設置されましたが、銀山が戦国時代に但馬・対馬・因幡など西日本で多く開発されていたことから、大坂や京都の各所に設置されました。このため上方近辺では銀貨が大量に供給されました。銭座は江戸、近江坂本あるいは仙台や萩などに設置されており、全国各地に供給されます。多様な通貨が流通していた戦国時代の慣行が継続するなか、金貨・銀貨・銭貨からなる三貨体制に落ち着いたのです。

江戸や上方から距離をおいた地域では金貨ならびに銀貨は不足がちとなります。そこで徳川政権は、各々の大名の領地ごとに、金貨・銀貨・銭貨とに交換できる紙幣の発行を許可します。これら紙幣は、のちの明治政府により藩札と名付けられます。伊勢神宮のもとで布教活動を行っていた山《やま》田《だ》御師《おし》と呼ばれる人々が山田羽書《やまだはがき》と呼ばれる短冊形の札を紙幣として発行していました。これが藩札の源流とみられています（鹿野　２０１１）。

徳川政権は、出目の取得を図り計８回の貨幣改鋳を行っています（大塚　１９９９）。新しい貨幣に改鋳する際に、これと旧貨幣とを交換して旧貨幣を吸収するのです。たとえばこれまで小判２両分の地金で小判３両分を改鋳して貨幣の質を落としたとします。旧小判を回収して新小判を発行すれば徳川政権の資産は１・５倍に膨れ上がることになります。本来ならこれが貨幣発行益となるはずです。ただし、旧貨幣の持ち主に引き換えのインセンティブを与えるためには、旧貨幣との増分《ましぶ》、つまり交換比率を旧小判の持ち主側に有利とする必要があります（山室 2013）。つまり徳川政権側がある程度負担をすることになります。その負担額が本来の貨幣発行益よりも低い限りは徳川政権は財政収入を得たことになります。これが出目です。

1657（明暦3）年、明暦の大火が発生した後、復興資金をはじめ財源を確保するため、勘定吟味役の荻原重秀が元禄小判を発行します。貨幣改悪によりインフレが進行したことを受けて後に新井白石は正徳小判を改鋳させて貨幣価値を引き上げます。なかには南鐐二朱銀《なんりょうにしゅぎん》のような特殊な銀貨も鋳造されました。南鐐というのは良質な銀を意味する言葉で、純度の高い銀で鋳造されています。8枚で小判1両と交換できるものとしました。これで金銀の交換レートが安定的となります。しかし、交換比率の変動を利用して利益を得ていた両替商からは反発もありました（三上 1996）。この両替商こそ、「江戸の金遣い、大坂の銀遣い」を支えた人々でした。

両替商

両替商には金貨と銀の両替を行う本両替と、銭貨の両替を行う銭両替（脇両替）の2業態がありました。本両替は、徳川政権の支配のもとで本両替仲間を組織し、経済政策の運営をサポートします。ことに貨幣改鋳の際には旧貨幣の回収と交換業務を引き受けます。

1670（寛文10）年、天王寺屋五兵衛をはじめとする大手10業者が、十人両替として徳川政権に指名されました。大坂の本両替の本格スタートです（作道 1971）。十人両替は、徳川政権の公金の取り扱いあるいは御用金（大名・旗本の臨時出費をまかなうために上納される資金）を引き受けることになります。その他にも本両替ビジネスに参入する商人が増え、18世紀には500人を超えるほどにもなりました（中川 2003）。

両替において問題となるのが交換レートです。金貨は計数貨幣であり、小判1枚1両を基準として、1両＝4分＝16朱という4進法からなる補助単位が設定され、1分判そして1朱判が発行されました。一方の銀貨は秤量貨幣であり、重さで交換価値が定まっていました。1609（慶長14）年に徳川政権は「金1両＝銀50匁＝銭4貫文」という公認レートを定めます。

しかしながら、銀貨が大量に発行された場合は金貨高および銀貨安が生じます。実際、1700（元禄13）年には「金1両＝銀60匁＝銭4貫文」と公定レートが変更されました。ただし、公定相場は参照程度でしかありません。実際には刻々とレートは変化します。金および銀の相場は、大坂（高麗橋、のちに北浜）の金相場会所という施設で立てられました。

決済手段の提供、資金の提供

両替商は預金サービスを提供していました。預金者は、両替商の元に現金を預けることで、預り手形を発行してもらえます。預り手形を持参した者は預金者でなくとも手形を差し出せば現金を受け取れます。したがって転々と流通しても不自然ではないのですが、実際の流通期間は5日程度であったと指摘されています（石井 2007）。

預り手形と異なり、誰に対して支払うべきかを明記したものが振手形です。現在の当座貸越と同様に、制限範囲内であれば預け入れた残高を超えた支払いも可能でした。限度額を超えれば振手形は不渡りとなります。不渡りの手形を用いた場合は、手錠・入牢といった刑罰が課され、手形を偽造した場合は、斬罪および晒し首に処せられます（竹中・川上 1965）。

両替商は融資業務も行います。商人に融資する町人貸、あるいは農民貸といった融資も行われましたが、両替商ビジネスのなかでメインとなった融資は先ほども登場した大名貸です。

十人両替の1つ大坂の鴻池屋は、1656（明暦2）年の開業以来、本両替業務とともに町人貸をメインとして活動していました。その鴻池屋に対して上方近辺に飛地することになった譜代大名が融資を求めます。飛地とは、関東に所領を持っていた譜代大名が京都所司代あるいは大坂城代に就任することで上方近辺の所領を与えられたことを指します。譜代大名は新たな所領の年貢米等を徴収して販売・換金を依頼するなかで、鴻池屋の融資を必要としたのです。こうして鴻池屋は大名貸ビジネスを拡大する足がかりを築きます（森 1970）。自然災害に見舞われて慢性的に財政が悪化するなど、大名貸を利用した大名は少なくありませんでした（作道 1971）。加賀の前田氏でさえ18世紀後半には三井の融資サービスを受けていました（賀川 1996）。

両替商ビジネスでさらに注目すべきは逆手形です。先ほどの振手形は、債務者（買い手）が債権者（売り手）に支払うための手形です。これに対し逆手形は、第三者に債務者（買い手）への取り立てを依頼するための手形です。

江戸商人が上方商人から商品を購入するとします。一回の取引ごとに受け渡しと代金支払いをするパターンもあれば一定期間をおいて期限ごとに決済する場合とがあります。商品の受け渡しとともに、江戸商人に債務が生じます。上方商人は上方の両替商に逆手形の発行を依頼します。上方の両替商は、江戸の両替商に対し逆手形を送付し、同時に融資も行います。江戸の両替商は、受け取った逆手形を差し出して江戸商人から現金を取り立てます。取り立てた現金を大坂の両替商への返済に充てます。上方の両替商がこの返済分だけ上方商人の預金を増やすと上方商人への支払いが完了します。こうして両替商相互の貸借関係も商人相互の債権債務の関係も相殺されます。逆手形は、両替商の店舗どうしの情報共有や信頼関係をベースに成立した金融サービスです（竹中・川上 1965；山口 1991）。

逆手形を応用した商品技術として江戸為替というものがあります。江戸為替とは、諸大名が、大名屋敷への商品輸送と資金の送金、さらに上方商人への代金支払いを同時に済ませるための手段です。

大名は大坂の物資を江戸の大名屋敷に輸送する業務を江戸商人に委託します。江戸商人は上方商人から商品を買い取ります。上方商人の依頼を受けて上方の両替商が逆手形を発行します。上方の両替商は、金相場会所で購入した為替を大名屋敷に送付するとともに、逆手形を江戸の両替商に送ります。大名屋敷は江戸の両替商に為替を換金させます。江戸の両替商はこの換金に応じる一方で、

図表3-1　江戸為替の仕組み

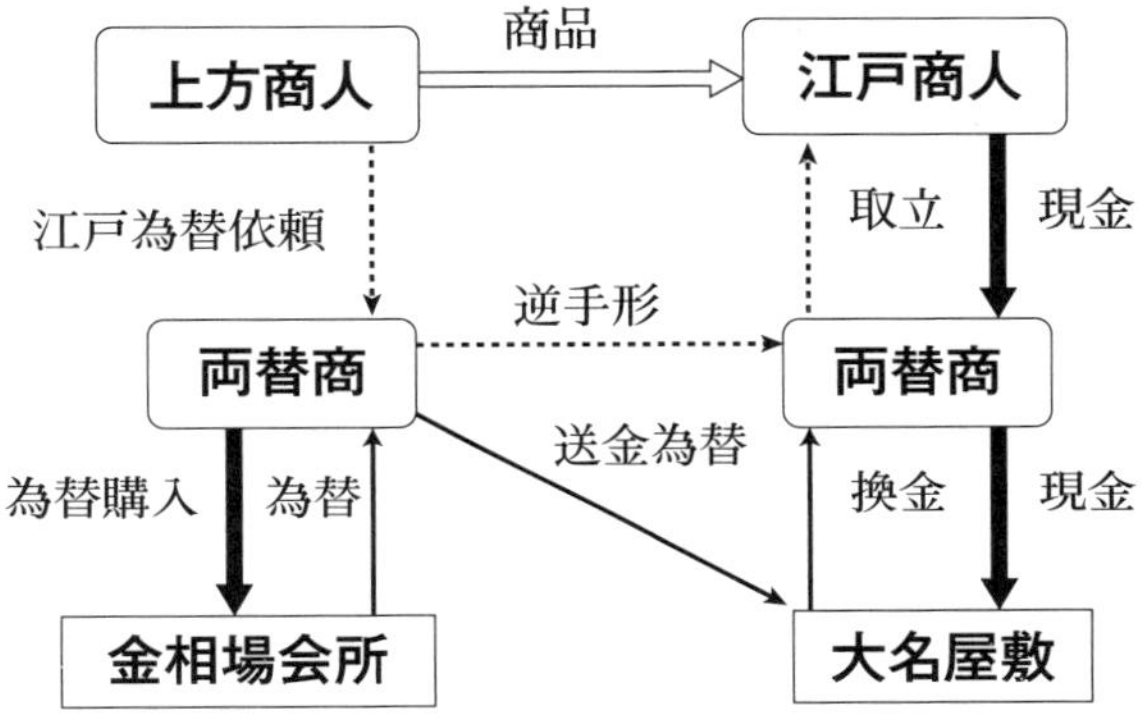

注）鈴木（2008）図1-3の一部を変更。各矢印は以下の移動を示す。
┈┈▶ は逆手形に関する手続きと逆手形の移動
──▶ は送金為替に関する手続きと為替の移動
━━▶ は現金の移動　⇒ は商品の移動

江戸の商人に逆手形を差し出して代金を取り立てます。これに応じれば江戸商人の債務は相殺されますが、大名屋敷は上方の両替商から大名貸を受けている状態です（図表３-１）。

この仕組みは１７２３（享保８）年に殿村平右衛門（米屋平右衛門）が創案したとされますが、17世紀後半における両替商の本支店関係を軸とした商慣行が源流だとも推察されています（竹中・川上１９６５）。

両替商ビジネスは、決済手段の提供と資金の提供とを通じて、異なる通貨を用いる東西二大商業圏を結びつけたのです。それは徳川政権下の市場経済の根本を支えたビジネスだったとも言えます。

3　株仲間

問屋組織

図表3-1では「上方商人」あるいは「江戸商人」としていましたが、物流の担い手はさらに細かく分かれます。大坂蔵屋敷に集められた物資は、問屋組織を通じて大坂内部あるいは江戸さらには他の地域で消費されるに至ります。問屋組織は、諸国諸物品問屋（各地の商品を取引するタイプ）、国別問屋（特定の産地に限って取引するタイプ）、諸国専業問屋（特定の商品に限定して取引するタイプ）、あるいは加工問屋（商品生産と商品取引とが結合しているタイプ）の4類型を基礎としていました（竹中・川上　1965）。

図表3-2は、1714（正徳4）年における大坂の入荷品と出荷品の銀表示の価額についての上位10品目と、上位10品総価額、さらに全入荷品・出荷品の総価額も示しています。なお、移出先には江戸が含まれません。

入荷は米が圧倒的ですが、出荷品ではランクインしていません。したがって大坂に入荷した米は、大坂と江戸で大半が消費されていることになります（新保・長谷川　1988）。入荷品では材木や鉄、銅、あるいは木綿といった原料品が目立つのに対し、出荷品は加工品・手工業品が占めています。大坂が手工業生産の拠点であったことの現れと言えます。大坂内部もしくは江戸で米を販売す

図表3-2　1714（正徳４）年の大坂の物資移出入上位10品

大坂入荷品		大坂出荷品	
（品目）	（貫）	（品目）	（貫）
米	40,814	菜種油	26,005
菜種	28,049	縞木綿	7,006
材木	25,751	長崎下り銅	6,588
干鰯	17,760	白木綿	6,265
白木綿	15,750	綿実油	6,116
紙	14,464	古手	6,045
鉄	11,804	繰綿	4,299
掛木	9,125	醤油	3,899
銅	7,171	万鉄道具	3,750
木綿	6,705	油粕	3,267
上位10品総価額	177,393	上位10品総価額	73,240
95品目総価額	286,561	119品目総価額	95,800

出所）脇田（1963）第83表、新保・長谷川（1988）表5-7

るとともに、手工業産品を全国に移出するだけの流通上の仕組み、すなわち専業問屋組織が発達していたことが窺えます（安岡 1968）。

問屋組織では相対《あいたい》取引が行われます。すなわち、当事者どうしが立ち会って算盤を使って値組みをして契約を交わします。遠隔地どうしの場合は書状を交わしあいます。帳簿を付けあって互いに信用しあう取引が行われていました。問屋取引では取引量が大規模なので、現物ではなく見本を評価しあう方法も普及しました。見本と違うものが渡された場合には、買い手がキャンセルできます。ただし、行司と呼ばれる問屋組織の代表者が立ち会って再評価するなどして解決策がとられました。その他、代金の未払い等に関するトラブルが生じた場合でも、互いの帳簿が証拠物件とされました（竹中・川上 1965）。問屋組織内で相当程度に情報が共有されていたのです。

同業者組合単位の統制

徳川政権は、同業者組合について2点の弊害を問題視していました。第1の弊害は、物品の買い占めによる価格吊り上げです。市場に供給される物品が過少となるのです。そして第2の問題が、新規参入に対する妨害です。同業者組合が結成されると、物品・地域ごと物流が占有されます。新たに事業に参入しようとすれば妨害がなされるため、仲間に加わらざるを得ません。その場合、弘メ（披露目）、つまり先輩メンバーへの紹介を兼ねた金銭・物品の贈与が強要される、といったビジネス慣行が広まっていたのです（宮本 1938；鈴木 2008）。

徳川政権は、こういった慣行が物流にとって望ましくないものと判断します。そこで1657（明暦3）年には「諸商人仲間排他申合及占売禁止」、「諸問屋排他申合禁止」、および「諸職人仲間申合及賃銀引上禁止」の令が出されました。結託による買い占め、弘メの強要や新規事業者への妨害、あるいは価格吊り上げといった行為が禁止されたのです。

その一方で、個々の事業者を単位とせずに仲間を結成させ、その仲間を単位として統制を図る姿勢は、17世紀初頭の時点で実践されていたことでした。三貨体制の項で紹介した金座・銀座・銭座はその例です。1604（慶長9）年には貿易統制のために白糸割符仲間を結成させています。甲府の魚座や駿河府中の木綿座にいたってはそれまでの座の継続が認められています。朱座や人参座は専売制実施のために結成された座であり、日傭座《ひようざ》は職業安定化策として結成されています（竹中・川上 1965）。

問屋組織が発達するにつれ、店舗相互の連携が不可欠となります。徳川政権は、同業者組合を否定するのではなく、町奉行（町の支配を担当する官職）や代官（村落の支配を担当する官職）に仲間を単位として監視させる体制を整えます。このような商業政策は、間接的に個々の商工業者の行動を監視することから、都市や村落の治安維持にも繋がりました（宮本 1938；大藤 2001）。

株仲間

19世紀初頭に刊行された滑稽本の代表作、式亭三馬の『浮世風呂』に次のような会話が登場します。

松「さようさ。なくすは早い物。一文の銭もあだおろそかには設《もう》かりませぬ。おまへがたもお若いが銭はつかひなさるな。金罰があたる。ナァ番頭。此番頭もだまりだまりしてゐて、モウ株でも買たらう」

ばんとう「ハイかぶは汁の実に買たばかり。どうも銭金といふやつはたまりませぬ」

（神保 1989、29ページ）

株と野菜の蕪とをかけた駄洒落を味わうやりとりは滑稽本ならではです。ここに登場する「株」は、湯屋株仲間、つまり銭湯の同業者組合の営業権のことです。仲間の許可を得れば、株は転売、相続あるいは担保の対象にできました。

世襲制度のもとで固定化した地位・身分・業務・権限は、売買もしくは譲渡の対象となりました。これが株です。旗本株や御家人株、つまり旗本や御家人の身分が売買されたことさえあります。商家の世界でも、業務内容に関する規制内容がそのまま株となる場合もあれば、慣行的なビジネス行動が株となる場合もありました。株を有する者どうしの組織が株仲間です。徳川政権から認可された御免株、あるいは冥加金を上納して出願を受けて許可された願株とがありました。徳川政権は冥加金という金銭収入を得ることで財政基盤を固めます。一方、株仲間商人は、公権力の後ろ盾を受けつつ徳川政権下の市場経済をサポートしたのです（宮本 1938；岡崎 1999；高槻 2012）。

1660年代から70年代にかけて、大坂町奉行の石丸定次は三所綿市問屋・綿買次問屋・綿屋仲間・京口油問屋・江戸口油問屋に御免株を与えて株仲間を作らせました。1715（正徳5）年には新井白石が元禄金銀の貨幣改鋳を行う際に物流を混乱させないよう江戸の諸問屋に株仲間組織の結成を促します。第8代将軍徳川吉宗も米価統制の一環として、江戸における株仲間の結成を呼びかけ、問屋株仲間を公認するのみならず、仲買と小売も分けてそれぞれに株仲間を結成させます。1726（享保11）年には、水油・魚油・繰綿《くりわた》・真綿・酒・薪・木綿・醤油・塩・米・味噌・生蝋・下蝋燭・紙・炭の15品目について取引を報告させています。

吉宗に次いで政務を司った田沼意次は、年貢米収入以外の財源を拡大することで財政収支の健全化を図ります。その一環として営業税として冥加金の増収を図り、積極的に同業者組合の公認を進めるのです。政策当局から結成させる御免株のみならず、民間レベルで自生的に結成されて冥加金を払うことを願い出た願株も公認されるのです。

株仲間組織は、組織本位の団結を保ち、個々のメンバーの単独行為が戒められました。取引相手の不正に関して、問屋仲間は仲買を警戒し、仲買仲間は問屋を警戒します。不正行為を犯した相手に対しては仲間全体で事実上追放します。不正への組織的排撃は物流のみならず雇用に関しても行われました。桐生で結成された織屋仲間では奉公人や日雇いの労働者が何か不正を犯した場合、ブラックリストが作成されました。再雇用しないようメンバー間で情報をシェアするためです（宮本1938）。株仲間組織から採用対象外とされると、労働者はどこにも雇用されない状況に陥るので、不正を犯すインセンティブは低下します。不正履歴に関する情報共有と結託が、株仲間組織の経営効率を左右していました（岡崎1999）。

徳川政権はこういった自律的なルールのもとに行動する商人集団を統制することで、市場経済の機能不全を最小限に抑えようとしていたのです。

参考文献

石井寛治（２００７）『経済発展と両替商金融』有斐閣
岩橋勝（１９８１）『近世日本物価史の研究』大原新生社
ヴァポリス、コンスタンチン（２０１０）小島康敬、M・スティール・ウィリアム訳『日本人と参勤交代』柏書房
大塚英樹（１９９９）「江戸時代における改鋳の歴史とその評価」『金融研究』第18巻第４号、日本金融研究所、73～94ページ
大野瑞男（１９９６）『江戸幕府財政史論』吉川弘文館
大藤修（２００１）「Ⅲ　近世　4章　村と町」水林彪・大津徹・新田一郎・大藤修編『新体系日本史２　法社会史』山川出版社
岡崎哲二（１９９９）『江戸の市場経済――歴史制度分析からみた株仲間』講談社選書メチエ１５５
賀川隆行（１９９６）『近世大名金融史の研究』吉川弘文館
作道洋太郎（１９７１）『近世封建社会の貨幣金融構造』塙書房
鹿野嘉昭（２０１１）『藩札の経済学』東洋経済新報社
神保五彌校注（１９８９）『新日本古典文学大系86　浮世風呂　戯場粋言の外　大千世界楽屋探』岩波書店
新保博・長谷川彰（１９８８）「商品生産・流通のダイナミズム」速水融・宮本又郎編『日本経済史１　経済社会の成立　17-18世紀』岩波書店
鈴木浩三（２００８）『江戸商人の経営――生き残りをかけた競争と協調』日本経済新聞出版社
高槻泰郎（２０１２）『近世米市場の形成と展開――幕府司法と堂島米会所の発展』名古屋大学出版会
高槻泰郎（２０１３）「近世日本の相場指南書――大坂米市場を素材として」『國民經濟雜誌』第２０８巻第５号、65～79ページ
竹中靖一・川上雅（１９６５）『日本商業史』ミネルヴァ書房
中川すがね（２００３）『大坂両替商の金融と社会』清文堂出版
速水融（２００３）『近世日本の経済社会』麗沢大学出版会

速水融編（２０１１）『歴史のなかの江戸時代』藤原書店
速水融・宮本又郎（１９８８）「概説一七－一八世紀」速水融・宮本又郎編『日本経済史１　経済社会の成立　17-18世紀』岩波書店
藤井讓治（１９９９）『江戸時代の官僚制』青木書店
藤井讓治（２００２）『幕藩領主の権力構造』岩波書店
本城正徳（２００２）「Ⅲ　市場の形成　２章　近世の商品市場」桜井英治・中西聡編『新体系日本史12　流通経済史』山川出版社
三上隆三（１９９６）『江戸の貨幣物語』東洋経済新報社
宮本又次（１９３８）『株仲間の研究』有斐閣
宮本又郎（１９７０）「大阪の蔵屋敷と蔵元および掛屋」宮本又次篇『大阪の研究第四巻　蔵屋敷の研究・鴻池家の研究』清文堂出版、47～84ページ
宮本又郎・上村雅洋（１９８８）「６　徳川経済の循環構造」速水融・宮本又郎編『日本経済史１　経済社会の成立　17-18世紀』岩波書店
村川浩平（２０００）『日本近世武家政権論』近代文芸社
森泰博（１９７０）「関東大名の大坂借銀――鴻池家の掛合控を中心として」宮本又次篇『大阪の研究第四巻　蔵屋敷の研究・鴻池家の研究』清文堂出版、４８５～５０６ページ
安岡重明（１９６８）「江戸中期の大阪における取引組織」宮本又次編『大阪の研究第二巻　近世大阪の経済史的研究』清文堂出版、１８１～２３８ページ
山口徹（１９９１）『日本近世商業史の研究』東京大学出版会
山室恭子（２０１３）『江戸の小判ゲーム』講談社現代新書２１９２
脇田修（１９６３）『近世封建社会の経済構造』御茶の水書房

第4章

権利とマーケット

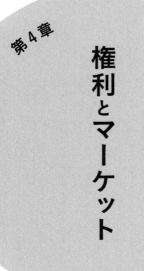

徳川政権のもと、米の立会では熾烈な価格情報の競争が繰り広げられます。株の売買や譲渡によるM&Aも活発でした。資本市場が成長した背後事情としては、司法制度の整備が挙げられます。しかし一方では、村落における商品作物の生産や手工業品生産が徐々に拡大します。いったんは大坂への廻着が激増して大坂を賑わせますが、やがては地域間での取引が活発になります。村落を拠点とする商人と株仲間商人との対立が激化するなか、株仲間停止令が出されます。それまで大坂と江戸の二大商業圏の繁栄を支えていた株仲間は、公権力の後ろ盾を失うとともに結束力を弱めます。これが幕末の混乱を招きます。

1　法、権利そして金融

出入筋《でいりすじ》と内済《ないさい》

第2章で、戦国大名の領国支配を人々が受容した背後事情に関して、人々がむしろ支配を積極的に受け入れたという論点を提示しました。単に支配者が軍事力を背景に判決を下すというのではなく、第三者機関によるトラブル解決を要望する人々の期待に応えるものとして戦国大名が支配していたという点です。これは徳川政権が成立した時点でも同様でした。金銀貸借や商品売買に関わる訴訟問題について、町奉行による判決あるいは調停を人々が受け入れようとする社会的な素地はすでに形成されていたのです（宇佐見 2008）。

近代国家が司法制度を整備するプロセスと異なり、徳川政権成立時には三権分立という概念が共有されていません。徳川政権には司法を専門に担当する機関というものがありませんでした。司法に関する制度・慣行は、重層的とも言える複雑に入り組んだものでした。あえて単純化するならば、行政に関する各役職（評定所、寺社奉行、勘定奉行、町奉行、郡代・代官など）がそれぞれの管轄内で司法についても一定の権限を掌握していました。

現在の刑事訴訟と民事訴訟に該当するものとしてそれぞれ吟味筋と出入筋の2つがありました。吟味筋は訴えがあるかどうかに関わりなく、たとえば奉行所が犯人を逮捕して取り調べるという方針が採られていました。一方の出入筋は、民事訴訟手続きのことです。原告の訴状に基づいて裁判手続きがなされます。出入筋は本公事（質地・給金・家賃・両替金・為替金・預金等のトラブル）、金公事（利息付き無担保の貸借契約に関するトラブル）、そして仲間事（利益分配に関するトラブル）の3種類に区分されます。

金公事と仲間事に関して勧奨されたのが内済です。内済とは、裁判行為を当事者や当事者等の属する共同体内の調停に委託することです。当事者および関係者が納得できるという点で、民事訴訟の着地点として慣行的に理想とされていました（小早川 1957：大平 2013）。内済がとりわけ重要な意味をもったのは、村落における土地の借用をめぐるトラブルの取り扱いです。

1643（寛永20）年の田畑永代売買禁止令は、土地の売買を規制した法令として知られています。しかしながら実際には金銭貸借の際に概して土地が担保に使われていました。この場合、返済できずに土地が質流れになると貸し手側が年貢米を負担することになります。借り手は、小作料を納めて耕作する小作人となるか（直小作）、さもなくば新たな耕作者を用意するか（別小作）、どちらかでした。ただし、質入れしたにも関わらず、金利を支払い続けるよう貸し手側が要求するケースが続発します（田中 1999）。こういったトラブルは、村落の秩序、あるいは年貢米負担という石高制の根幹にも影響しかねません。質地をめぐるトラブルについて内済を優先させることには、村落共同体の秩序を維持する目的もあったのです（曾根 1980：笠谷 1994：大平 201

3）。

相対済令

石高制は市場経済の発達を前提として成立していました。しかし市場経済が村落に浸透したことによって金銭トラブルが続発してしまえば、村落秩序、ひいては石高制の土台が揺らぎます。内済は、市場経済が村落に浸透するなかで石高制を維持する上で重要なトラブル解決策となっていたのです。

1718（享保3）年、江戸町奉行の訴訟総数は4万7731件、そのうち金銭トラブルに相当する金公事の件数は3万3307件を数えたのだそうです。なお、江戸町奉行がこの年に処置できた案件の数は1万1651件です（石井 1960）。訴訟総数の4分の3にも及ぶ3万6080件がペンディングとなっていたことになります。江戸近辺に限定したとしても、商工業者の金銭貸借や村落における土地の質入れをめぐるトラブルが江戸町奉行所の事務処理能力を大幅に超えていたのです。

こういった場合の解決策として、徳川政権は相対済令《あいたいすましれい》を発しています。これは金公事の訴訟受付を当事者の協議に委ねる法令で、約20年に1度の頻度で出されています（岡崎 1999）。なかでも有名なものが、1719（享保4）年に徳川吉宗が発したものです。

吉宗の相対済令は、歴代のなかでも訴訟手続きの簡素化のみならず債権者保護の姿勢を強調するものでした（曾根　１９８０：大石　１９９８：大平　２０１３）。

条項のなかで、債務が返済されない場合には、公権力の命令により債務者の財産を没収し、債務返済に充てることもあるとも宣言されます。債務者の財産もしくは労働により返済を徹底する制度設計を施したのです（曾根　１９８４）。

相対済令は江戸周辺を対象とした法令でした。しかしながら債権者と債務者の居住地が遠隔地であるために債権回収が困難である場合には奉行所が債権者をサポートするという方針が立てられたのです。１６６３（寛文３）年の相対済令では、６里以上離れた遠方の者との売掛金トラブルを不受理としていましたが、これとはまったく対照的に債権者保護の姿勢に立っています（大平　２０１３）。

米切手の取引

徳川政権が重視せねばならなかった金融の問題がもう1つあります。それは米切手です。

蔵屋敷は、蔵米を買い受ける際に預かり証を発行していました。この預かり証を米切手といいます。米切手1枚を蔵屋敷に持って行くと10石の米と交換できました。米切手には米切手と引き換えに米を渡す旨とともに蔵屋敷の名前が明記されます。蔵米を実際に取引する場合に用いられたのが出米切手もしくは出切手といいます。これに対し在庫米がないにもかかわらず発行されたものを空米切手といいます。大坂廻米の分量が増大するとともに商業技術が進展したことで、米切手は証券として流通するようになります（島本 1953；宮本 1988；高槻 2012；柿坂 2012）。

石高制のもと、大坂で形成される米価すなわち米切手相場が領主米取引さらには各村落における経済活動や金銭貸借において影響を与えることになります。さらに徳川政権をサポートした武士階級にとっては、米価の動向、つまり俸禄米の価値の動向は実質所得の変動を意味していました。したがって徳川政権は常に米価維持を政策上の最優先課題とせねばなりませんでした。それはすなわち、米切手の信用力をいかにして維持するか、という問題でもありました。

米切手は蔵屋敷に米を保管していることの証明なので、蔵に米があれば問題はないのですが、ないのに発行されているようなものは信用不安に繋がります。そうなると米切手の値が下がる、つまり米価が下がることになります。このような事態を防ぐため、米切手が持つはずの、米に関する財産権を徹底して保護しようとします。それは同時に空米切手を認めないという姿勢でもあります。徳川政権は、空米切手停止令を出して米切手の信用度を高めようとします。その効果は大きいとは言えませんでしたが、それでも徳川政権にとっては様々な政策を通じて米価統制に踏み切らなくてはなりませんでした（高槻 2012）。それは、市場参加者が米の信用度に関する情報収集に熱心だったことの現れとも言えます。

1725（享保10）年、大坂堂島に御《お》為替《かわせ》御《ご》用会所《ようかいしょ》が設置されます。米取引の統制に乗り出したのです。しかし、米価下落を止めることはできませんでした。1728（享保13）年には米価浮揚策の一環として米切手の転売が認められます。1730（享保15）年、町奉行大岡忠相は御為替御用会所を堂島米会所へと組織改編します。堂島米会所では、米切手を転売する正米《しょうまい》取引、帳合米《ちょうあいまい》取引、そして石建米取引という小口取引の市場が開かれました。このうち堂島米会所でメインとなったのは帳合米取引でした。

取引に際しては1年を春（太陰暦1月8日から4月27日）、夏（同5月7日から10月8日）、そして秋（同10月17日から12月23日）の三季に区分し、各季の最終日を限市《きりいち》として取引がなされます。限市から次の季までまたがって取引を行うことができず、限市で決済し終えなくてはなりません。

帳合米市場では米そのものは取引せず、あくまで米切手を対象とした取引を行いつつ、帳尻が合うようにできるマーケットでした。帳合米市場は保証金として敷銀を渡しておけば、差金決済が可能な先物取引のマーケットだったのです。

たとえば米切手1枚を500匁として限市で売買する約束を交わしたとします。ここでもし当日に正米市場で600匁の値で手合わせとなっていれば、先物取引で買いのポジションをとった方は100匁得したことになり、売りポジションをとった方は100匁損したことになります。このとき実際に米を受け渡すことなく売りポジをとった方から買いポジをとった方へ100匁渡すのが差金決済です。なお帳合米取引は正米取引よりも1日早く終らねばならず、最終日は必ず差金決済を取ることになっていました。

帳合米取引の源流は、17世紀中頃にありました。米価が上昇気味である状況に乗じて、大坂商人が米を購入した際に現物引き取りのタイミングが期日と異なる際に差金を得ていたというのです。

これは延売買《のべばいばい》と呼ばれました。このような行為はいったん禁止されます。しかしながら米価が下落するなか、俸禄米を受け取る武士たちの実質所得を引き上げるために米価浮揚策を講じる必要が生じました。そのために堂島米会所開設に際して差金決済を合法化したのです（島本 1953：土肥 1974）。その商慣行は、明治期における株式市場の先物取引に引き継がれることになります（東京株式取引所 1933）。

堂島の米相場は各地の山頂を利用した旗振り通信を用いて伝えられていたそうです。大坂堂島から、「旗を振るリレー形式で、和歌山まで三分、京都四分、神戸七分、桑名十分、岡山十五分、広島四十分で伝わった。中継点は約十二キロ置きで、信号を解読し、次に伝えるのに一地点あたり一分しかかからなかった」という調査結果も報告されています（柴田 2004）。こういった価格情報の伝達は1918年頃まで機能していたそうです（近藤 1933）。

2　流通における利害対立と調整の失敗

大坂廻着の構造変化

図表4-1は、米・塩・炭・木綿・実綿・繰綿・蝋の7品目について、1736年、1804年から1829年までの期間におけるデータが利用可能な1年間、さらに1840年における大坂に廻着した商品の数量と銀価額の推移を示したものです。1736年と1804〜1829年とを比

図表4-1　大坂への商品廻着高の推移

	数量			銀価額（貫）		
	1736年	1804-29年	1840年	1736年	1804-29年	1840年
米（万石）	120	150	109	46,800	88,000	74,000
塩（万石）	49	120	99	N.A.	3,300	3,260
炭（万俵）	69	250	182	1,520	10,000	9,450
木綿（万反）	121	800	300	5,320	48,000	27,000
実綿（万貫）	16	150	98	370	1,500	1,760
繰綿（万貫）	5	200	134	1,200	40,000	33,580
蝋（万丸）	0.7	10	6	30	200	180

出所）新保・斎藤（1989）表1-7、石井（2003）表9-2

較すると、大坂への商品廻着が19世紀になっていずれの品目も激増するさまが読みとれます。そのうち、米は120万石から150万石へと1・25倍程度の増大なのに対し、木綿は121万反から800万反へと6・6倍、繰綿は5万貫から200万貫へと40倍にも拡大しています。しかしながら、いずれの品目とも1840年では縮小しています。

これは、18世紀後半から19世紀初頭にかけて村落における商品生産が成長したこととともに、19世紀前半に地域間取引が急増したことの現れです。大坂廻着を軸とした枠組みとは異なる流通ネットワークが形成されていたのです。これは、大坂を拠点とする株仲間にとっては、ビジネスチャンスを奪われて行くプロセスでもありました（竹中・川上 1965；安岡 1970；新保・斎藤 1989；山口 1991；石井 2003）。

在郷商人

第3章の図表3-2に関する議論でも言及しましたが、17世紀末までには上方近辺で菜種油や木綿等の商品生産が村落でさかんになっていました。そういった村落を在郷町《ざいごうまち》と呼んでおきます。大坂の平野郷、大ヶ塚《だいがつか》あるいは佐野がその例です。商品生産は18世紀を通じて東日本の村落でも活発になっていきます（新保・斎藤 1989）。

在郷町の生産物は、在郷商人とも呼ばれる商人層が大坂の問屋組織とは別行動で問屋に渡します。在郷商人の商業形態は在方商業とも呼ばれます。このような行動は取締りの対象ともなりました。何より大坂の株仲間にとっては邪魔なものです。しかしながら徳川政権は在郷商人と株仲間商人との利害対立を解決するなかで、政策変更を余儀なくされます（竹中・川上 1965：石井 2003）。

菜種油は大坂あるいは江戸など大都市での需要が高く、過少供給問題の発生を避けたい重要な品目でした。そのため徳川政権は、17世紀末以降、しばしば厳しい流通統制を実施していました。1822（文政5）年、徳川政権は菜種油に対する規制強化を図ります。安芸・周防など13カ国の菜種の兵庫廻着をとりやめて大坂にまわすよう命じます。兵庫の菜種問屋と西宮の灘目《なだめ》油江戸直問屋の差し止め、原料となる種物を諸国で買い入れるなど絞油ビジネスの禁止、さらに自家消費の余剰分の大坂廻着など徹底した統制を実施します。

こうした取締りに対して在郷商人は猛反発し、村落民を主導して、株仲間反対運動として国訴を展開します。翌１８２３（文政６）年6月、摂津・河内の１１０２カ村の村々が一丸となって、油の販売、もしくは種物の肥料となる干鰯《ほしか》の取引を求める国訴を起こしたのです。徳川政権は、株仲間に対する反発を緩和する目的で流通規制の緩和に踏み切ります。兵庫・堺への種物問屋新設、冥加銀免除、さらには摂津・河内・和泉・播磨4カ国への油直売り許可が言い渡されます。大坂の株仲間は権限を弱められます（津田 １９６１；竹中・川上 １９６５）。同じく１８２３（文政６）年6月には摂津・河内の１００７カ村の村々が実綿の売買の自由を求めて国訴を起こし、やはり自由な売買を勝ちとっています。

徳川政権は、生産者、問屋あるいは仲買を厳しく統制する一方で小売についての取締りは強くありませんでした。仲買のなかには、小売の商人層に仲買株を貸し付けてメンバーとしてとり込んだ者もいます。天満青物市で勢力を誇っていた仲買は、この戦略で小売商人を味方につけて在郷商人に対抗していました（荒武 ２０１１）。そうしなければならないほど、市場経済を支えてきたはずの株仲間が勢力を失っていました。

株仲間の解散と再結成

老中水野忠邦は株仲間の解散に踏み切ります。老中あるいは勘定奉行らは株仲間による価格吊り上げを問題視しており、株仲間解散を通じて価格吊り上げが横行しなくなるだろうと考えていたのです。もっとも、これに対しては江戸町奉行が対立する見解を見せていました。すなわち、物価騰

図表4-2　江戸・京都の消費者物価指数（1818年京都＝100）

	江戸	対前年成長率（%）	京都	対前年成長率（%）
1831年	115.13	1.8	123.88	6.0
1832年	106.55	−7.7	114.29	−8.1
1833年	128.76	18.9	133.10	15.2
1834年	153.86	17.8	145.61	9.0
1835年	138.35	−10.6	120.94	−18.6
1836年	175.75	23.9	149.89	21.5
1837年	235.98	29.5	196.55	27.1
1838年	189.28	−22.1	157.05	−22.4
1839年	170.01	−10.7	149.51	−4.9
1840年	141.61	−18.3	121.68	−20.6

出所）草野（1996）附表2-2、附表2-3

貴の原因は株仲間にあるのではなく、貨幣改鋳によるインフレ進行と大坂廻着の減少とのダブルパンチが原因であると考えていたのです。ただしこの見解は採用されず、商業統制の路線変更が施されるのです（藤田 １９８９）。

江戸と京都の物価指数を推計した研究があります（草野 １９９６）。これをもとに、１８１８年の京都の消費者物価指数を１００として１８３１年から１８４１年までの10年間の江戸と京都の物価動向を示すのが図表４-２です。これによると、江戸にせよ京都にせよ、物価指数の対前年成長率が大きくマイナスとなった年次があるものの、ことに１８３６年と１８３７年での物価上昇が際立っています。これは天保の飢饉およびそれを受けての１８３７（天保８）年大塩平八郎の乱の影響による物価騰貴と思われます。物価動向としてはむしろマイナスに大きくふれ動く年次もあり、総じて不安定な動向であったことがわかります。ただしマイナスとなっている場合でも、基準時の1818（文化15・文政元）年に比べると高い水準で変動しています。幕僚はこの状況を打開したいと考えていたものと思われます。

1841（天保11）年4月、物品の価格を米価の変動に伴わせるように命じるとともに、10月には紙・薪・炭等の日用品の買い占めを禁止します。そして1842（天保12）年に次の御触書、いわゆる株仲間停止令を出します。

「菱垣廻船問屋共より是迄年々金壱萬弐百両宛冥加上納金致し来たり候処、問屋共不正の趣も相聞こえ候に付き、以来上納に及ばず候、尤も向後右仲間株札は勿論、此外共都而問屋・仲間並びに組合な抔《など》と唱へ候儀は相成らず候、

一　右に付きては、是迄右船に積み来たり候諸品は勿論、都而何国より出候何品にても素人直売買勝手次第たるへく候、且つ又諸家国産類其外惣而江戸表へ相廻し候品々も、問屋に限らず、銘々出入りのもの共等引受け売り捌き候儀も、是又勝手次第に候

十二月

右の通り問屋共に限らず、町中洩れなきよう早々触れ知らすべきもの也」

（大蔵省 1922、7ページ、一部改変）

冒頭では「菱垣廻船問屋」と呼びかけていますが、後に全国の問屋仲間および同業者組合が対象であることを念押しして同内容の御触書が出されます（林 1967）。冥加金は上納しなくてもよいとして、株仲間はもちろん同業者組合を名乗っての活動が禁止されました。商品の仕入れ販売については「勝手次第」として自由競争を促しているのです。

株仲間停止令に先んじて日用品の価格引下げが命じられていました。しかし在郷商人が台頭するなかでは株仲間商人の価格支配力は低下していたので、その効果は大きくはなかったはずです（藤田 1989：石井 2003）。それに輪をかけて、株仲間は排他的な特権を完全に剥奪されました。価格吊り上げを抑止するための政策パッケージとして相性の悪い御触書が出されたのです。

徳川政権は、価格吊り上げを同業者組合単位で取り締まるために株仲間を結成させたはずでした。しかしながら株仲間組織は、1830年代頃からメンバー間での裏切り行為が頻発するなど組織の規律に乱れが目立つようになっていたのです（宮本 1938）。

同業者組合単位での取締りをストップして価格吊り上げを抑止するためには、むしろ業者単位での統制が必要でもあったことにもなります。加えて、株仲間組織は、在郷商人に押され気味であったとしても、特産品生産地帯における集荷機能を担っていました。この集荷機能に代替できる仕組みを提供しなくてはならないはずです。この点で、町奉行もしくは郡代・代官がそれなりのコストをかけて調整する必要が生じていたのです（林 1967）。

この反省に立って実施された政策が1857（安政4）年の株仲間再興令です。その発令前年、

1856年1月（安政3年12月）、町奉行が勘定奉行に対して株仲間停止令以後の状況調査について答申を出しています。その答申は次のように切り出しています。

「去る亥年諸問屋組合停止仰せ出され候以来、商法取締り相崩れ、諸品下直にも相成らず。却って不融通の趣も御聴き入り、都《すべ》て文化以前の通り再興仰せ出さる」

（本庄 1931、125～126ページ）

1842（天保12）年の株仲間停止令発令以降、商行為に対する規律が崩れてしまい、様々な物品の価格は低下せず、かえって物流が滞っているので文化以前のような体制に再度整備すべきだ、というのです。「文化」というのは第11代将軍徳川家斉の治世にあった元号であり、ここでは江戸で問屋仲間が次々と株仲間に再編された状況を指しています（今井 1986）。したがってこの答申は、株仲間停止令によって取締りの枠組みが崩れてしまったことに対する反省を勘定奉行ら幕僚に促すものでした。

この答申に際してはあらゆる各種物品について実地調査が行われています。その調査結果から、供給不足による価格上昇、原料不足、価格の乱高下、荷物引き合いにおける債務不履行、あるいは粗製濫造等の事態が頻発していましたことが窺えます（本庄 1931：岡崎 1999）。

そのなかにあって、油問屋のケースに関しては、株仲間再興という答申の主張の根拠としてとりわけ重要であったと考えられます。その状況を伝える核心部分を次に示しておきます。

「(天保)十二年問屋停止商売手広に仰せ付けられたが、仕入れ方致すべき油屋どもは損失を厭い、また他商売の者は仕入れても、油性合等明かならず、日用差し支えしため、翌天保十三年商売手広の御沙汰にもかかわらず、下り元油屋、地廻油元問屋どもへ仕入れ方、品切れこれなく、日用差し支えざるよう申合せ、出精致すべき旨を達せられ、その頃より下り地廻り油一人毎に仕入れ買付け書状、仕切り状、封書にて差し上げ、売値口銭なども差し定め申し上げ、大坂表役人へたびたびお掛け合いなし下され、日用油差し支えこれなきよう、元問屋ども取り計らうことなりしもので、即ち天保十三年以来、問屋組合存在せし時と同様の仕法が行なわれていたものである。而して嘉永四年問屋再興となった」

(本庄 1931、127ページ、仮名遣い等一部改変)

(大意)

株仲間停止令発令時、油屋は低い売値での損失を嫌がって仕入れず、異業種参入しようとする者も油に関する知識がない。そのため人々の生活に差し支えが生じた。翌年、品不足で生活に差し障りが生じないよう、大坂・江戸の問屋に対して仕入れの申し合わせがあった。値下げに前向きになるよう通達された。大坂江戸に出回る油は一人ずつに仕入れ買い付けそして仕切りの書状を封書で差し出し、販売価格仕入れ値との差額も差し定めた。大坂町奉行にも問い合わせて生活に差し障りがないよう問屋に行政指導するようになった。1843（天保13）年以来は、昔の問屋組合が営業していたときと同様になった。それで、1851（嘉永4）年には問屋再興となった。

油に関しては、行政指導のもと、従前の問屋仲間の機能を事実上復活させたのです。業者らが株仲間時代以来のネットワークを活用して供給不足とならないようコーディネーションに成功していたことが窺えます。

こうした実地調査を通じて、徳川政権は株仲間組織を通じた市場設計を再評価します。それが、1857（安政4）年、株仲間再興令へと結実します。単に自由競争を促すだけでなく、市場の機能不全を防ぐ仕組みが必要なのです。このような市場設計の根本問題が、株仲間停止令・再興令には潜んでいるのです。

参考文献

荒武賢一郎（2011）「第六章　食品流通構造と小売商・消費者の存在」荒武賢一郎編『近世史研究と現代社会——歴史研究から現代社会を考える』清文堂出版
石井寛治（2003）『日本流通史』有斐閣

石井良助（１９６０）『日本法制史概説』創文社
今井修平（１９８６）「近世都市における株仲間と町共同体」『歴史学研究』５６０号、青木書店、93～１０４ページ
宇佐見英機（２００８）『近世京都の金銀出入と社会慣習』清文堂出版
大石慎三郎（１９９８）『享保改革の商業政策』吉川弘文館
大石学（２００３）「享保改革と社会変容」大石学編『日本の時代史16　享保改革と社会変容』吉川弘文館、7～92ページ
大石学（２００６）『人物叢書　大岡忠相』吉川弘文館
大蔵省編（１９２２）『日本財政経済史料　巻三』財政経済学会
大野瑞男（１９９６）『江戸幕府財政史論』吉川弘文館
大平祐一（２０１３）『近世日本の訴訟と法』創文社
岡崎哲二（１９９９）『江戸の市場経済――歴史制度分析からみた株仲間』講談社選書メチエ１５５
柿坂学（２０１２）「19世紀における堂島米市場の効率性についての一考察」『日本経済研究』No.66. 日本経済研究センター、72～87ページ
笠谷和比古（１９９４）「習俗の法制化」朝尾直弘・網野善彦・石井進・鹿野政直・早川庄八・安丸良夫編『岩波講座　日本通史　第13巻　近世3』岩波書店
草野正裕（１９９６）『近世の市場経済と地域差――物価史からの接近』京都大学学術出版会
小早川欽吾（１９５７）『近世民事訴訟制度の研究』有斐閣
近藤文二（１９３３）「6　大坂の旗振り通信」『明治大正大阪市史　第5巻』大阪市編纂所
柴田昭彦「大坂の米相場　旗振り速報　江戸－大正時代の中継ルート、76の山を調査」『日本経済新聞』２００４年2月17日付、朝刊44面
島本得一（１９５３）『徳川時代の証券市場の研究』産業経済社
新保博・斎藤修（１９８９）「1　概説　十九世紀へ」新保博・斎藤修編『日本経済史2　近代成長の胎動』岩波書店
曾根ひろみ（１９８０）「6章　享保期の訴訟裁判権と訴――享保期の公儀」松本四郎・山田忠雄編『講座日本近世

史4　元禄・享保期の政治と社会』有斐閣
曾根ひろみ（1984）「商品経済の発展と法――身代限り成立の歴史的意義」『歴史学研究』第533号、18～28ページ
高槻泰郎（2012）『近世米市場の形成と展開――幕府司法と堂島米会所の発展』名古屋大学出版会
竹中靖一・川上雅（1965）『日本商業史』ミネルヴァ書房
田中圭一（1999）『日本の江戸時代――舞台に上がった百姓たち』刀水書房
津田秀夫（1961）『封建経済政策の展開と市場構造』御茶の水書房
東京株式取引所（1933）『東京株式取引所史第二巻』
土肥鑑高（1974）『近世米穀金融史の研究』柏書房
林玲子（1967）『江戸問屋仲間の研究』御茶の水書房
藤田覚（1989）『日本歴史叢書　天保の改革』吉川弘文館
本庄栄治郎（1931）「幕末の株仲間再興是非」『經濟論叢』第32巻第3号
宮本又次（1938）『株仲間の研究』有斐閣
宮本又郎（1988）『近世日本の市場経済――大坂米市場分析』有斐閣
安岡重明（1970）『日本資本制の成立過程』ミネルヴァ書房
山口徹（1991）『日本近世商業史の研究』東京大学出版会
脇田成（2004）「近世大坂堂島米先物市場の非定常時系列分析」『先物取引研究』第9巻第1号№13、195～215ページ

第5章

産地とマーケット

幕末の開港は商人にとってビジネスチャンスでした。彼らは産地と港との流通の担い手となります。明治維新のさなか、殖産興業を支えたのが株式会社です。株式会社に出資したのは、政治家や官僚との関係性を利用してビジネスを展開した政商と呼ばれる実業家か、あるいは地租改正を経て創出された名望家と呼ばれる資産家層でした。商法制定により出資者の権利保護が規定されたことで、株式会社制度は普及します。日本は国内と外国という2つのマーケットを捉えながら産業化を達成しました。その成功の鍵は、産地における官民一体となるコーディネーションの成立にありました。

1　開国

開国

徳川政権は、長崎（オランダ、清）、対馬（李氏朝鮮）、薩摩（琉球王朝）、あるいは対馬（アイヌ）といった玄関口のみでしか貿易を認めていませんでした。18世紀末から19世紀前半にかけて、オランダ船以外のヨーロッパ諸国の船が日本に来航するようになります。ことにアメリカは、貿易商人のロビー活動を背後におきつつ、自国船が難破した際における乗組員保護の確約をとりあえずの要求として日本との交渉を図ります（石井 ２００３）。

１８４２（天保13）年、アヘン戦争で英国が勝利します。英国は敗戦国の清に対し港割譲や賠償金支払いを盛り込んだ講和条約（南京条約）を結ばせます。アジアのマーケットを狙っていたのはアメリカだけではありませんでした。ただし、英国は清との貿易を発展させる基礎を築かねばならず、対日貿易への関心が後回しになります（石井 １９７２）。

１８５３（嘉永６）年、江戸湾浦賀沖にアメリカの軍艦が来航します。翌年日米和親条約が締結され、新たに下田と箱館を開港します。ただし、貿易スタートのための通商条約が結ばれるには至りませんでした。とはいえ和親条約は通商条約の足がかりにはなりましたし、さらに英国、ロシアそしてオランダもまた和親条約を結ぶきっかけをつかんだのです。

1857（安政3）年、アメリカの外交官タウンゼント・ハリス（Townsend Harris）が江戸城で第13代将軍徳川家定に謁見します。日本側からは外交官として岩瀬忠震《いわせただなり》がハリスとの交渉に臨みます。交渉の末、1858（安政5）年、日米修好通商条約が結ばれます。修好通商条約はイギリス、フランス、ロシアそしてオランダとの間にも結ばれます。こうして横浜・神戸に加え、箱館・長崎・新潟も加わった5港での貿易がスタートすることとなったのです。

当初の修好通商条約のポイントは、3点にまとめることができます。それは、①最恵国待遇（別の第三国に対する優遇処置と同様の処置を与えること）、②領事裁判権の承認（外国人が起こした事件を日本の司法機関ではなく本国の領事が裁判することを認めたもの）、そして③相手国にのみ関税自主権を認める、の3点です。③により日本国内では低価格のライバル商品が供給されることになります。さらに、1866（慶応2）年には輸入税が大幅に引き下げられました。こうした不利な条件のもとで日本は貿易の継続を余儀なくされます（町田 2015）。ただし、開港当初の貿易で外国商人が注目したのは一般の商品ではなく、小判でした。

物価騰貴

ハリスは、1ドルのメキシコ銀貨1枚と天保一分銀3枚とを交換できること、ならびに外国商人が日本の通貨を国外に自由に持ち出せることを認めさせました。さて、外国商人は銀貨4枚を天保一分銀12枚と交換できます。これは金3両に値しますので、大坂の両替商は一分銀12枚を小判3枚に換えてくれます。なお、地金としての小判１枚の価値はメキシコドル銀貨４枚分に相当しました。しがって外国商人は、手にした小判３枚を上海に持ち出して12ドル相当の銀貨と交換できます。４枚の銀貨が交換を重ねて12枚となるのです。外国商人が海外に持ち出した小判は10万両程度と言われています（石井 ２００３）。

徳川政権は、金銀比価を国際基準に合わせて、小判１枚の価値を落とします。こうして１８６０（万延元）年に万延小判が鋳造されます。旧小判との交換を促すために旧小判の持ち主に有利な増分で交換したことで、出目は諦めざるを得ません。１８６０年代初頭、出目は歳入総額の70％近くでしたので、出目を諦めたことは財政運営上の大きな痛手でした（持田・山本 １９９６；須賀 ２００３）。

しかも、貨幣改悪を通じて深刻なインフレが生じます。図表5-1は、１７９１（寛政３）年から１８６５（慶應元）年までの期間について、京都の消費者物価指数と日雇労働者の賃金指数（ともに１８１８年を１００とする）を示しています。横軸が年次、縦軸は対数目盛ですので、折れ線グラフの傾きは成長率となります。[1] １８６０年代、急激な物価上昇とともに賃金が急落しています。

1　変数Xの対数をとって時間tで微分すると、Xの増分をXで割った値、つまり成長率が得られます。これは時間を横軸、縦軸が対数目盛りの平面に描かれる線の傾きです。

$$\frac{d\log X}{dt} = \frac{d\log X}{dX} \cdot \frac{dX}{dt} = \frac{1}{X} \cdot \Delta X = \frac{\Delta X}{X}$$

図表5-1　京都の消費者物価指数と日雇賃金指数
（1818年を100とする）

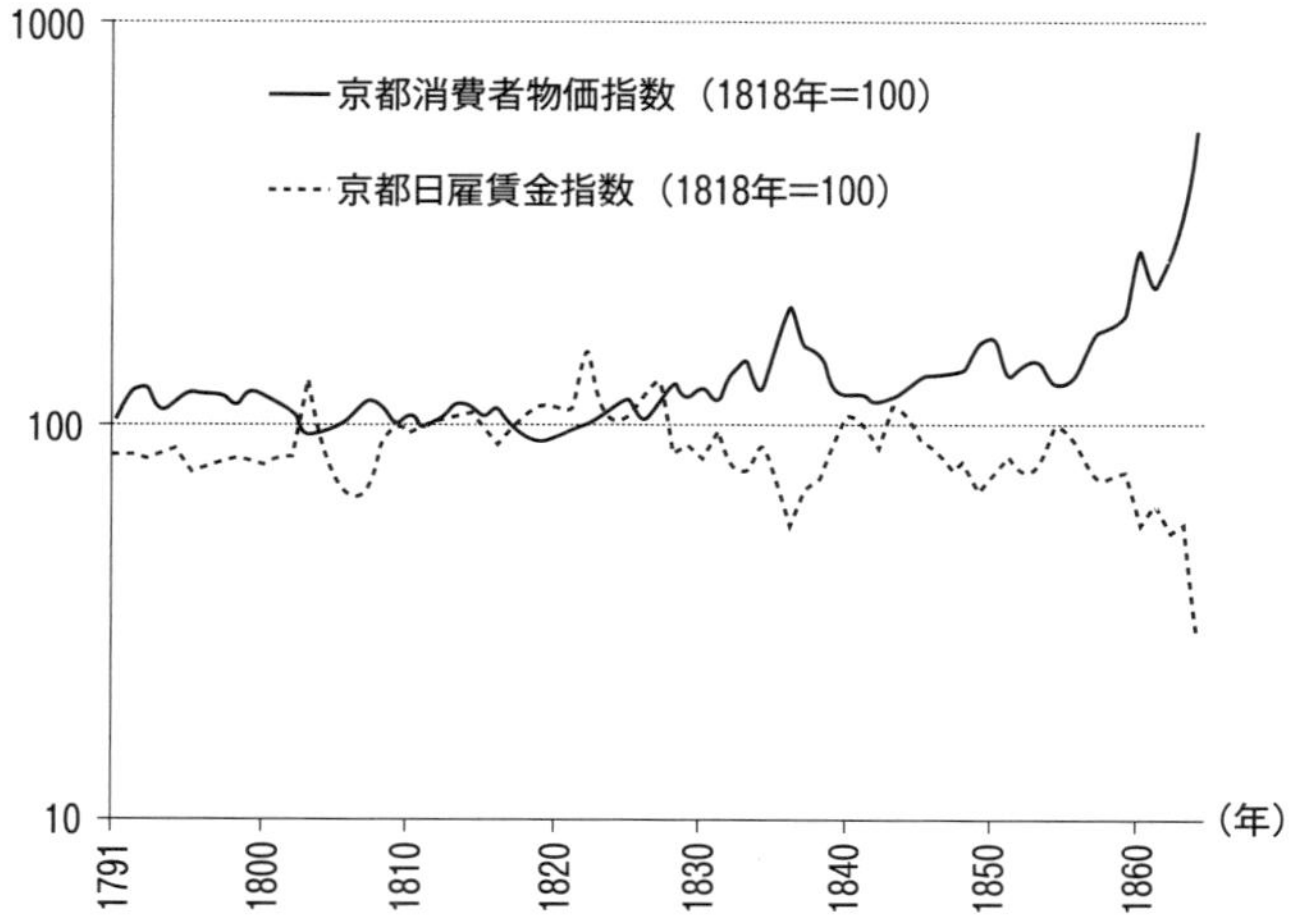

出所）草野（1996）附表2-2-2より

それほどまでに深刻なインフレが進行していたのです。倒幕を前に、徳川政権は物価をコントロールできない状態に追い込まれていたのです。

ビジネスチャンスとしての横浜開港

横浜の開港は、商人にとって願ってもないビジネスチャンスでした。日本商人は外国での取引ができなかったため、港で外国商人と取引します。日本の主力輸出品となったのは生糸です。これは、一面では生糸産地の村落を活性化させます。他面で、織物産地は原材料不足に陥りました。場合によっては生糸産地への転換を強いられます。織物産地であった東上州・武州北部一帯は、横浜開港を機に生糸産地へと路線変更します。織物を呉服店に届ける問屋仲間にとっては打撃となりました（林　１９６７）。その一方で、それまで西陣織の原料として出荷されていた甲州東群の生糸を横浜向けに売り渡すなどした甲州屋忠右衛門《こうしゅうやちゅうえもん》など、冒険的なビジネスに着手する商人も現れます（石井　１９５８）。

各村落で生産された生糸の集積地として選ばれたのが八王子でした。八王子を拠点に横浜への生糸輸送に従事して富を稼いだ商人として、武州の下村善太郎、甲州の若尾逸平、おなじく甲州出身の甲州屋忠右衛門がいます。あるいは活動拠点を横浜に構え、横浜で生糸売込問屋を創業し、村落から輸送されてきた生糸を預かって外国商人と取引する商人も現れます。その代表例が、武州の原善三郎と上州出身の茂木惣兵衛です。彼らはやがて横浜の都市形成に貢献することになります（横浜開港資料館　１９９４）。

横浜に集った日本人商人のもう1つの類型として、生糸や茶を売り込みにきた下田の商人がいます。彼らは、かつて下田に来航していた外国船に食糧や薪を提供するビジネスに従事していたため、外国人との交渉経験がありました。ただし生糸流通には精通していませんでした。そのため、横浜‐八王子間の流通事情に精通した奉公人を雇った場合は横浜で生き残り、下田で雇っていた頃の奉公人とともに横浜に訪れた場合は撤退する、というように明暗が分かれました（鷲崎　２００２）。

外国商人にとっても横浜開港はビジネスチャンスでした。ただし、アメリカ商人は南北戦争の影響に見舞われます。外国商人の代表格が東インド会社を前身とする英国のジャーディン・マセソン商会（Jardine, Matheson & Co.）でした。同商会は１８５９年（安政６）年に横浜支店を設立しています。

英国からは綿布や毛織物など繊維製品を輸入します。この輸入品を取り扱うのは江戸の問屋仲間でした。支払いはメキシコドルで行われます。しかしながら問屋仲間にはメキシコドルの持ちあわせがありません。

そのため、問屋仲間は両替商が蓄積してきた金融技術に依存します。生糸や茶等の売込問屋は外国商人から得た現金を両替商に預けていました。両替商はこの現金を綿布や毛織物を仕入れる問屋仲間に貸し付けて、支払いに充てさせます。問屋仲間は輸入品を仲買に受け渡し、仲買に代金を請求します。ここで、問屋仲間は両替商に逆手形を発行して仲買を顧客としている両替商に仲買への代金の取り立てを依頼します。徳川政権下で培われた金融技術が、横浜貿易を支えるとともに、金融部門が産業化資金を蓄える足がかりをも与えることになったのです（山口 1991；石井 1991）。

2　明治維新

外交官の見た横浜貿易

英国公使館通訳を務めたアーネスト・サトウ（Ernest Satow）は、その著書『一外交官の見た明治維新』のなかで横浜で取引していた商人について次のように記しています。

「…横浜の場合は、外国の商人が取引きの相手にしなければならなかったのは、主として無資本の、そして商売に無知な山師連中だったのである。契約の破棄や詐欺は珍しいことではなかった。外国商人は、荷の渡る見込みのない商品購入を目当てに、こんな当てにならぬ男どもに大枚の前金を支払ったり、また相場が下がれば荷受けを拒絶して自分の懐を痛めぬようにする者どもを相手に、本国へ製品の注文を発したりしていたのだ。生糸には砂が混じっていたり、重い紙ひもで結わえてあったりするので、代金を支払う前に梱《こうり》を一々念入りに検査せねばならず、茶も見本通りの良質品と信用するわけにはいかなかった。日本の商人も、往々同様な手段で相手に返報されたが、不正行為を差引きすれば日本の方がはるかに大きかった」

（サトウ　1960、20〜21ページ）

この文章は１８６２（文久２）年に記されたものです。個人の雑感ですので事実認識にバイアスのある叙述かもしれません。[2] ただし、外国商人も同じ認識バイアスにあったならば、日本商人が貿易ビジネスを拡大させる上で、裏切り行為が予想される状況は大きな壁となったことになります。少なくとも、裏切り行為に対する疑念が払拭できなければビジネスは成立しません。

日本が貿易を伸展させるためには、外国商人に対する安心と信頼を与える何らかの工夫が必要となります。幕末から明治にかけての時期というのは、単に産業化が伸展したというだけではなく、こういった裏切り行為に対する疑念をいかにして払拭するのかについて尽力するプロセスでもありました。

しかしその産業化にも、乗り越えなければならない壁がありました。

維新政府による制度整備

１８５３（嘉永６）年のペリー来航から１８９０（明治23）年の帝国議会開設までの約40年間にわたる一連の制度改革を総称して明治維新といいます。１８８６（明治19）年から１９１２（大正元）年まで、日本の対前年実質ＧＮＰ成長率は平均２・７％で推移しました（大川ほか １９７４）。明治維新を経て、市場取引の規模は持続的に増加していったのです。

維新政府は通貨制度を改めます。１８７１（明治４）年、新貨条例が制定されます。通貨単位として新たに圓（以下、円）、そして銭（１円の１００分の１）と厘（１円の１０００分の１）の補助単位が定められます。当初は1ドル＝1円という為替相場でした。1872（明治5）年、国立銀行条例が制定されます。国立銀行は株式会社として設立されますが、不換紙幣の発行権が認められました。1882（明治15）年、日本銀行法制定により、日銀が唯一の銀行券発券主体となる体制が整います。

さらに維新政府は地租改正と秩禄処分のワンセットで石高制を撤廃します。1872（明治5）年に土地の所有者を確認するものとして地券が発行されていました。1873（明治6）年、地租改正条例により、地券の所有者が地価の一定割合を地租として納入することが定められました。村落単位で物納させる税制から土地所有者が地租を金納する税制にシフトしたのです。地租を支払えない小規模な土地所有者は、多くが土地を手放して小作人となります。一方で地主のもとに土地が集積します。彼らは徳川の時代以来、村落内のリーダー的存在でした。彼らは土地の集積を通じてやがて資金を蓄積するようになり、地域社会のコーディネーターとしての性格を強めます（寺西2003）。

地租改正を通じて領主が土地を支配するという体制が消失します。1876（明治9）年、維新政府はこの領主層への家禄支出のカットに踏み切ります。これが秩禄処分です。31万3517人が

2　サトウの友人であり医師でもあったウィリアム・ウィリス（William Willis）は、英国人外交官が日本人を見下しがちであることに批判的でした（コータッツィ 1988）。

秩禄処分の対象となりました。これは士族の反乱を続発させます。一方で、当時の国家予算の3倍ほどに達する1億7500万円の公債を発行して彼らに所有させます。1人あたりの受取額は6万527円、年間利子収入は3026円でした。彼らはこの資金を元手に銀行や鉄道に投資します[3]（中村 1992）。

維新政府は産業育成のための政策を打ち出します。1870（明治3）年に工部省、そして1873（明治6）年に内務省が設立されます。工部省は、インフラ部門（鉄道・道路・港湾）や鉱業に資金を投じ、数々の官営工場を創設します。官営工場の多くは、やがて民間に払い下げられます。一方、内務省は、薩摩出身の内務卿、大久保利通を筆頭に、勧業政策を推し進め、製糸・紡績・製茶・海運に関して民間のサポートにあたります。とりわけ富岡製糸場あるいは新町紡績所での操業・各種試験を通じて、欧米からの技術移転を課題としていました。先端的な技術の普及のため、各府県での勧業会や農談会といったイベントの開催を促していました。このとき大久保の右腕として活躍した内務省官僚が薩摩出身の前田正名《まえだまさな》でした。

1880年代、維新政府は、産業の育成と振興のための事業を殖産興業と呼ぶようになります（小岩 1971）。1881（明治14）年には農商務省が設置されます。その年に前田正名は、大蔵省および農商務省の大書記官に就任するとともに、諸外国の調査を手本として全国各地の調査を実施します。この調査結果が『興業意見』と呼ばれる全30巻からなるレポートです。政府はこの実地調査を参考にしながら殖産興業のための制度的枠組みを整備します。

博覧会

内務省あるいは農商務省の勧業政策のなかでも大きな目玉と言えるのが内国博覧会の開催です。これは、万国博覧会を模した見本市イベントでした。

第1回万博は1851年にロンドンで開催されました。日本は1873年のウィーン万博が初参加でした。万博は様々な先端的な技術の見本市です。国内産業の発展あるいは貿易伸張を目標に掲げる政治政府にとって刺激的なイベントだったようです。内務卿大久保利通は、ウィーン万博を模して1877（明治10）年8月21日から同年11月30日までの期間、東京上野公園を会場として第1回内国勧業博覧会を開催します。

この第1回内国勧業博覧会のなかに、数十台もの購入予約が殺到したアイディア製品がありました。それが信濃国生まれの発明家、臥雲辰致《がうんたっち》の発明した紡績機です。この紡織機は、紡錘作業と捲糸作業を連結させるという点で英国のリング紡織機と似たアイディアに由来するものです。ただし、回転筒の中から引き出した綿を瞬時に糸に仕上げる仕組みは、洋式紡織機とも異なるものでした。回転音にちなんで「ガラ紡」と称されたその器械は、博覧会顧問のドイツ人ゴットフリード・ワグネル（Gottfried Wagener）からも絶賛され、第1回内国勧業博覧会の鳳紋賞牌を受賞します。

3　参考までに、1885（明治18）年の1人あたり名目GNP（gross national product）は21・1円でした（大川ほか 1974、第32表）。

「ガラ紡」は、博覧会において数十台もの購入以来が殺到する人気ぶりでした。発明した技術の原理そのものは、驚くべきとは言え、誰の目にも明らかなものでした。博覧会開催後、類似の機械が次々と製作されます。臥雲自身はその後も技術開発を続け、愛知県三河地方でガラ紡の改良品が一時期用いられてはいましたし、1882（明治15）年には藍綬褒章受賞という名誉にも恵まれました。しかし、開発に費やしたコストはなかなか回収できるものではありませんでした。臥雲が紡織機で特許を得るのは、ようやく1889（明治22）年になってからのことでした（村瀬1989）。

明治維新の局面においては、知的財産権を保護する制度が未整備の状況がしばらく続きました。「ガラ紡」が第1回内国勧業博覧会に出品された時点で有効だった規定は、1872（明治5）年3月18日の太政官布告です。その内容は、新発明を成し遂げた場合は「其管轄地方官にて発明品及び其工夫の手続等詳細取調ヲ以て工部省へ届出るべき事」と定められるにとどまっていました[4]。これではアイディアのただ乗りを取り締まることはできず、開発者の権利を保護するものとはならなかったのです。しかしこれでは発明家個人がよほど高いモチベーションを備えていなければなりません。技術進歩を促す、つまり研究開発のインセンティブを付与するためには、新しい制度設計が必要でした。

1885（明治18）年、専売特許条例が制定されます。さらに1888（明治21）年には、意匠登録制度がスタートします。この制度を普及させる目的で、第3回内国勧業博覧会で出展する場合に限り、意匠登録の出願手数料が免除されました。1890（明治23）年4月に東京上野公園で開催された第3回内国勧業博覧会は入場者総数が100万人を超える賑わいとなりました（國 2005）。

地方でも万国博覧会にインスパイアされた博覧会が開催されます。1870年代、筑摩県（現在の長野県）では、市川量造という名望家が博覧会の呼びかけ人となります。松本城内で開催されたその博覧会では、白木綿や生糸、真綿等の特産品が出品されました。市や村芝居も同日開催されるなど人々が賑わうなか、諏訪神社の綱切丸など神宝がいくつも展示されます。オープンにされることのなかったものを展示することで、来場者に新時代到来をアピールしたのです。人々を一丸とさせて、地域社会の運営をスムースにしようというコンセプトがその背後にあったのです（塩原 2012）。

株式会社制度

1878（明治11）年、株式取引所条例が発布されます。同年5月に東京株式取引所が創設されてから各地での取引所設立が相次ぎました。いずれの取引所も株式会社として創設されました。東

4　石井（1981、71ページ）を参照。

京株式取引所が自己株式（いわゆる東株）を上場させたのは設立直後の１８７８年７月です。

徐々に株式会社が設立されます。とりわけ象徴的とされるのが、１８８２（明治15）年創設の大阪紡績株式会社です。蒸気を動力源とした本格的な紡績工場を構えていました。創設者は渋沢栄一です。彼は徳川政権の幕臣でしたが維新政府の殖産興業政策の担い手でもありました。

１８８０年代から１８９０年代にかけて官営工場が次々と民間に払い下げられます。政府の事業をオークションにかけて、民間の優秀な実業家に引き継がせるのです。そういった優秀な実業家は政商と呼ばれます。こういった政商としては、１８８７（明治20）年に長崎造船所を引き継いだ三菱、１８９３（明治26）年に富岡製糸場を引き継いだ三井があります。政商は、払い下げを通じて政治家や官僚と関わり合いました。優秀な経営者を仲介してもらうなど、アドバンテージを得ることができたのです（安岡 １９９８）。

民間事業を牽引したのは政商だけではありません。むしろ彼らよりも重要な役割を担ったのが先ほど登場した名望家層です。名望家には、資金を第三者事業に投じる者もいれば、その社会的信用力を背後にさらに資金を吸収して事業を展開する者も現れました。後者の場合、多くは銀行もしくは銀行類似会社を設立して預金を集めます。こうして集めた預金は投資家のもとに株式を担保として貸し出され、投資家が株式会社に出資するかたちで起業するケースが相次ぎます（志村 １９６９：伊牟田 １９７６）。

１８９９（明治32）年、商法が制定されます。商法制定あるいはその改正を通じて契約に違反した経営者が裁判で罰せられるようになるなど、株主としての権利保護が強化されます。それは株式会社、株主あるいは上場会社数の増加へと実を結びます（伊牟田 1976；Hamao, et al. 2009）。

3 産地のコーディネーション

産業の分化

産業化は、産業の分化（specialization）を伴って進行します。産業の分化とは、1つの商品を生産することを目的として、様々な作業工程が新たに作られては連結されていくプロセスのことです。新たな技術が開発されることで、様々な工程が新たに作られていきます。

しかし、技術開発だけで産業の分化が進行するわけではありません。このプロセスが達成されるには重要な条件があります。それは、それぞれの工程の担当者が商品を生産するという同一の目的のもとに一丸となる工夫あるいは仕組みが必要だという点です。

マーケットでの評判、ニーズあるいはクレーム等に関する情報を各々の工程の担当者が把握できなくてはなりません。また、たとえばクレーム対応であれば、全工程が共通の問題を解決できるように利害を調整しなくてはなりません。各工程が一丸となるためには、情報ネットワークを駆使して利害調整を行う主体とその主体が積極的に調整を行う制度的な枠組みが必要です。

こうした産業の分化を実現したのが、幕末・維新期の絹織物業です（橋野 2007）。

絹織物、ことに羽二重は桐生あるいは北陸地域が代表的な産地です。これら産地において各生産工程の担当者の利害を一致させる役割を担ったのが産地ブランドでした。各々のブランドの評判を把握する上で、領事報告（外国に派遣された領事から送られてくる経済や社会に関する報告書）と内国勧業博覧会が重要でした。輸出向け羽二重と内地向け羽二重とではまったく異なる評価やニーズが返ってきたとしても、原料糸の加工や染色で差別化を図っていました。さらにクレーム対応として、各同業者組合が講習所を設立します。講習所が資金難に直面した場合は政府が介入しました。1894（明治27）年、徒弟学校規程および実業教育費国庫補助法の制定に伴い、講習所は学校（のちの工業学校）として改組されます。こうして教育機関で研究開発できる制度が整備されました。産官学の連携を通じて、多様なニーズに対応できるだけの生産工程がコーディネートされたのです。

ブランディング

コーディネーションが成功して誰もが望ましいと思える状態に落ち着けばいいのですが、望ましくない状態が落ち着きどころになってしまうケースもあります。着地点としてはどちらも考えられます。そのうち後者はコーディネーションの失敗と言えます。産地ブランディングにおいてはコーディネーションの失敗は避けたい経路です。

ブランディングの利点は、価格だけでは優劣の判断がつかない品質に関する情報についてのシグナルを買い手に与えられることです。買い手が品質について確証が得られない場合、良質な商品であっても疑念を払拭できず安い値を付けることが予想されてしまいます。すると、良質な商品の売り手が商品の供給をためらってしまう事態が生じます。これを逆選択といいます（Akerlof 1970）。悪質な商品ではなく、市場の競争で生き残るはずの良質な商品から次々と駆逐されてしまうということです。

逆選択を防ぐには、買い手があらかじめ品質に関して確信できる何らかのシグナリングが必要です（食品販売での試食コーナーはその簡単な例です）。商標登録制度が機能する場合、登録されたブランドがシグナリング機能を持ちます。この点で明治期における群馬県と福島県の製糸業の状況を比較した興味深い事例研究があるのでご紹介します（谷山 2007）。

明治期、群馬県前橋の製糸業は、生産工程に報奨金制度を導入する、あるいは品質管理と検査を徹底する、といったインセンティブ設計を通じて良質な生糸の生産を維持する体制を整えていました。すでに徳川の時代、松平家の支配のもとでも良質な生糸の生産者の利益を保護して淘汰を抑止する制度設計が施されていました。これは群馬県政でも引き継がれていました。生糸の評判形成とともに、国内向けもしくはアメリカ向けのそれぞれのブランディングに成功しました。一方で福島県では、当初は保護政策がとられていたものの、県会と県令（県の長官）との対立が激化するなど地方行政と民間ビジネスとのコーディネーションに失敗します。そのため県独自の商標確立に遅れをとります。要するに、ブランドのシグナリング機能を産地が実現できたかどうかは、官民が一体となるコーディネーションが成功したかどうか、さらには民間レベルでのインセンティブ設計が確立されたかどうかで明暗が分かれたというのです。

１８８４（明治17）年、同業者組合準則が定められます。これは同業者単位で規制を行うという徳川政権の姿勢を継承したものです（小岩 ２０００）。産地におけるコーディネーションの失敗を防ぐ手段として、できる限り低いコストで政策介入を行うという徳川政権の工夫を継承したのです。同年制定された商標条例も、偽装に対して株仲間組織において慣行的に執り行われていたルールを明治政府が条例として定めたものでした（谷山 ２０１２）。産地におけるコーディネーションの失敗をできる限りなくそうとする制度設計が立て続けに施されたのです。

産地のコーディネーションが結実したことで、日本は外国のマーケットに進出します。その物流を担ったのが商社です。１８７６（明治９）年創設の三井物産を筆頭に、１８９２（明治25）年に関西を拠点として創設された日本綿花会社、あるいは１８９３（明治26）年に新井領一郎らが創設した横浜生糸合名会社など、商社が貿易の発展を担っていきます。１８７９（明治12）年設立の横浜正金銀行の資金サポートを背後に、国内商社は外国商社より低い手数料を設定しながら生糸輸出あるいは綿花輸入などでシェア確保を図ります（石井 ２００１）。

商社の活動を通じて、東京・大阪・横浜・大阪・名古屋・神戸を拠点とする商業ネットワークが形成されます。これは、全国の生産者と小売業者とを結節する役割を果たすことになります。この商業ネットワークにおいて重要な役割を担ったのが鉄道です。鉄道網整備は、たとえば製糸業について言えば、原料となる繭の供給地と製糸業との地域間分業を促進したのです（中林１９９７）。

明治維新を経て、国内と外国という2つのマーケットを射程に入れながら日本のマーケットは進化します。産業の分化が進むなかで、産地がコーディネーションを成功させていたからこそ、その進化は実現できたのです。

参考文献

石井寛治（１９９１）『日本経済史　第2版』東京大学出版会
石井寛治（２００１）「第3章　貿易と金融における日英対抗１８７０-１９１４年」杉山伸也・J．ハンター編『日英交流史１６００-２０００　４　経済』東京大学出版会
石井寛治（２００３）『日本流通史』有斐閣
石井孝（１９５８）「初期横浜貿易商人の存在形態――甲州屋忠右衛門を中心にして、附録篠原家文書」『横浜市立大學紀要』第85号
石井孝（１９７２）『日本開国史』吉川弘文館
石井良助編（１９８１）『太政官日誌第六巻』東京堂出版
伊牟田敏充（１９７６）『明治期株式会社分析序説――講義用テキスト』法政大学出版局
大川一司・高松信清・山本有造（１９７４）『長期経済統計１　国民所得』東洋経済新報社
草野正裕（１９９６）『近世の市場経済と地域差――物価史からの接近』京都大学学術出版会
國雄行（２００５）『博覧会の時代――明治政府の博覧会政策』岩田書院
小岩信竹（１９７１）「政策用語としての「殖産興業」について――「殖産興業」研究史への一規角」『社會經濟史學』第37巻第2号、１７８～１９７・２１４～２１３ページ
小岩信竹（２０００）「明治維新の経済政策」石井寛治・原朗・武田晴人編『日本経済史１　幕末維新期』東京大学

出版会
コータッツィ、ヒュー（1988）中須賀哲郎訳『維新の港の英人たち』中央公論社
サトウ、アーネスト（1960）『一外交官の見た明治維新　上』坂田精一訳、岩波文庫
塩原佳典（2012）「明治初年代における地方博覧会の歴史的意義――筑摩県下博覧会を事例として」『日本歴史』第768号、83～99ページ
志村嘉一（1969）『日本資本市場分析』東京大学出版会
須賀博樹（2003）「江戸幕末の貨幣政策と出目獲得政策の破綻――新旧貨幣引替えの検証」『金融経済研究』第20号、64～80ページ
谷山英祐（2007）「明治前期製糸業における商標の確立と行政による保護――群馬県と福島県の制度分析と比較」『経営史学』第42巻第3号、68～91ページ
谷山英祐（2012）「1884年商標条例の編纂過程の制度分析――私的な制度から公的な制度へ」『市場史研究』第31号、市場史研究会
寺西重郎（2003）『日本の経済システム』岩波書店
中林真幸（1997）「6　製糸業の発達と幹線鉄道――長野県諏訪の場合」高村直助編『明治の産業発展と社会資本』ミネルヴァ書房
中村政則（1992）「1　明治維新の世界史的位置――イタリア・ロシア・日本の比較史」中村政則編『日本の近代と資本主義』東京大学出版会
橋野知子（2007）『経済発展と産地・市場・制度――明治期絹織物業の進化とダイナミズム』ミネルヴァ書房
林玲子（1967）『江戸問屋仲間の研究』御茶の水書房
町田明広（2015）『グローバル幕末史――幕末日本人は世界をどう見ていたか』草思社
持田信樹・山本有造（1996）「第6章　財政・財政政策」西川俊作・尾高煌之助・斎藤修編著『日本経済の200年』日本評論社
村瀬正章（1989）『日本歴史学会編集人物叢書　臥雲辰致』吉川弘文館
安岡重明（1998）『財閥経営の歴史的研究――所得と経営の国際比較』岩波書店

山口徹（1991）『日本近世商業史の研究』東京大学出版会
山室恭子（2013）『江戸の小判ゲーム』講談社現代新書
横浜開港資料館編（1994）『横浜商人とその時代』有隣新書
鷲崎俊太郎（2002）「幕末期における商人移動の人口地理学的分析——横浜開港に伴う豆州下田欠乏品売込人の転入経緯と世帯構成の変遷」『歴史地理学』第44巻第2号、5〜24ページ
Akerlof, George (1970) "The Market for 'Lemons': Quality Uncertainty and the Market Mechanism," *The Quarterly Journal of Economics*, 84(3), pp.488-500.
Hamao, Yasushi, Takeo Hoshi and Tetsuji Okazaki (2009) "Listing Policy and Development of the Tokyo Stock Exchange in the Pre-War Period," in Ito Takatoshi and Andrew K. Rose eds, *Financial Sector Development in the Pacific Rim*, University of Chicago Press, pp.51-87.

第6章

震災とマーケット

株式市場におけるM&Aも進み、地域を超えて事業を拡大する会社も現れます。その例が電力会社でした。関東大震災は首都圏経済に大打撃を与えます。しかし東京電灯はM&Aを通じて広範囲に発電設備を抱えていたことで、迅速な復興を実現します。同時に、電力会社は、価格メカニズムを利用して節電を呼びかけつつ、料金低下と電力供給の増大を実現します。ただし、震災を通じて実体経済が復興と成長を実現する一方で金融部門は停滞します。

1　金融市場の発達

民間金融資産の推移

図表6-1は民間部門金融資産の構成比の推移を示しています。対象期間は1886年から1935年まで、5年ごとの平均値を10期間みています。ここで言う金融資産とは、現金通貨、預貯金、信託保険、公社債、そして株式のことです。それら合計額に占める各資産のパーセンテージを示しています。なお、民間部門金融資産の合計額が名目GNPに対してどの程度の大きさであるのか、総計GNP比も示しています。

それぞれの項目ごとに推移を確認しておきましょう。

まず、現金通貨が減少傾向にあり、預貯金が増加傾向にあることが窺えます。手元に保蔵されていた現金が金融市場にプールされていくプロセスを読みとることができます。

株式は10期間にわたって30％程度を維持しています。とくに高いのは1890年代の企業ブームの時期で37％を超えています。産業化の初期段階から危険資産を保有する富裕層がいることの現れです。政商および名望家層がこれに該当します。あるいは配当所得目当てに資金を投じる地主層も株式会社の資金獲得に貢献します（谷本・阿部 1995）。第5章で言及したように、商法制定により株主に対する造反経営者への罰則が定められたこと、ならびに1911（明治44）年の改正商

図表6-1　民間金融資産構成比：1886-1935年の5年ごとの平均値、10期間

(%)

	現金通貨	預貯金	株式	公社債	信託保険	総計	総計GNP比
1886－1890年	22.71	22.11	33.57	21.39	0.23	100	55.23
1891－1895年	17.37	27.80	38.33	15.91	0.58	100	53.29
1896－1900年	12.19	33.87	37.48	15.50	0.95	100	62.84
1901－1905年	9.61	39.95	26.90	22.18	1.36	100	73.78
1906－1910年	7.31	39.78	29.87	20.83	2.21	100	91.87
1911－1915年	5.53	48.22	31.40	12.70	2.14	100	104.65
1916－1920年	4.18	43.23	36.87	12.47	3.24	100	109.29
1921－1925年	2.88	43.90	32.73	11.71	8.78	100	147.25
1926－1930年	2.51	41.91	33.01	10.11	12.47	100	184.18
1931－1935年	3.01	42.07	31.70	8.97	14.24	100	228.00

出所）藤野・寺西（2000）、大川ほか（1974）

法でその罰則強化が銘打たれたことで株式取引所への上場が促されました（伊牟田 1976；Hamao, et al. 2009）。

預金のシェアが高まって以降も、株式は30％台を維持しています。預金を蓄えて資金を拡大した銀行は、企業への貸出ではなく株主への貸出を通じて株式会社を資金面からサポートしていたのです。

名望家層は大株主ならびに頭取など役員として銀行を創設します。名望家は社会的信用力のもとに預金を吸収します。多くの名望家は、預金として集めた資金を元手に事業会社の大株主あるいは役員として様々なプロジェクトに関わります。創設する事業会社の株式を担保として銀行貸出を行うのです。すなわち、預金として吸収した資金を、株式担保貸出として借り入れ、この資金で事業会社株式に払い込むのです。多くの名望家はこのようにして様々な事業資金を確保します（加藤 1957；志村 196

9：石井 1999：寺西 2003）。

さて、図表6-1において公社債は1880年代後半、あるいは1900年代に比較的高い値となっています。前者は秩禄処分に際して士族に公債（金禄所有公債）が渡されたことの現れでしょう。後者は日露戦争の戦費調達に際しての国債増発によるものです。

預貯金ほどではありませんが、信託保険も増加傾向にあります。ことに1920年代後半から成長していることが窺えます。1927（昭和2）年の金融恐慌を経て、中小銀行から生命保険会社あるいは信託会社に資金がシフトします。これが信託保険部門の成長の足がかりとなりました（麻島 1969：寺西 1982：山中 1986：伊藤 1995）。

総計GNP比は1910年代に急増していることが確認できます。100を大幅に超えて、金融市場の規模が国民総生産を大幅に上回る局面が到来します。

株式市場の時代

1878（明治11）年、株式取引所条例が制定されます。同年5月、東京株式取引所が創設されました。さらなる法整備として1893（明治26）年に取引所法が制定されます。上場基準は取引所法で明文化されておらず、各地で創設された取引所それぞれの内規によっていました。東京株式取引所の内規では、設立2年以上であることを第一の条件とし、さらに払込資本金や株式数についても条件が定められます（時代を経て基準値は修正されます）。取引所の理事と取引員で構成され

**図表6-2　日銀推計における戦前の株価指数：
1914年7月-1936年12月**

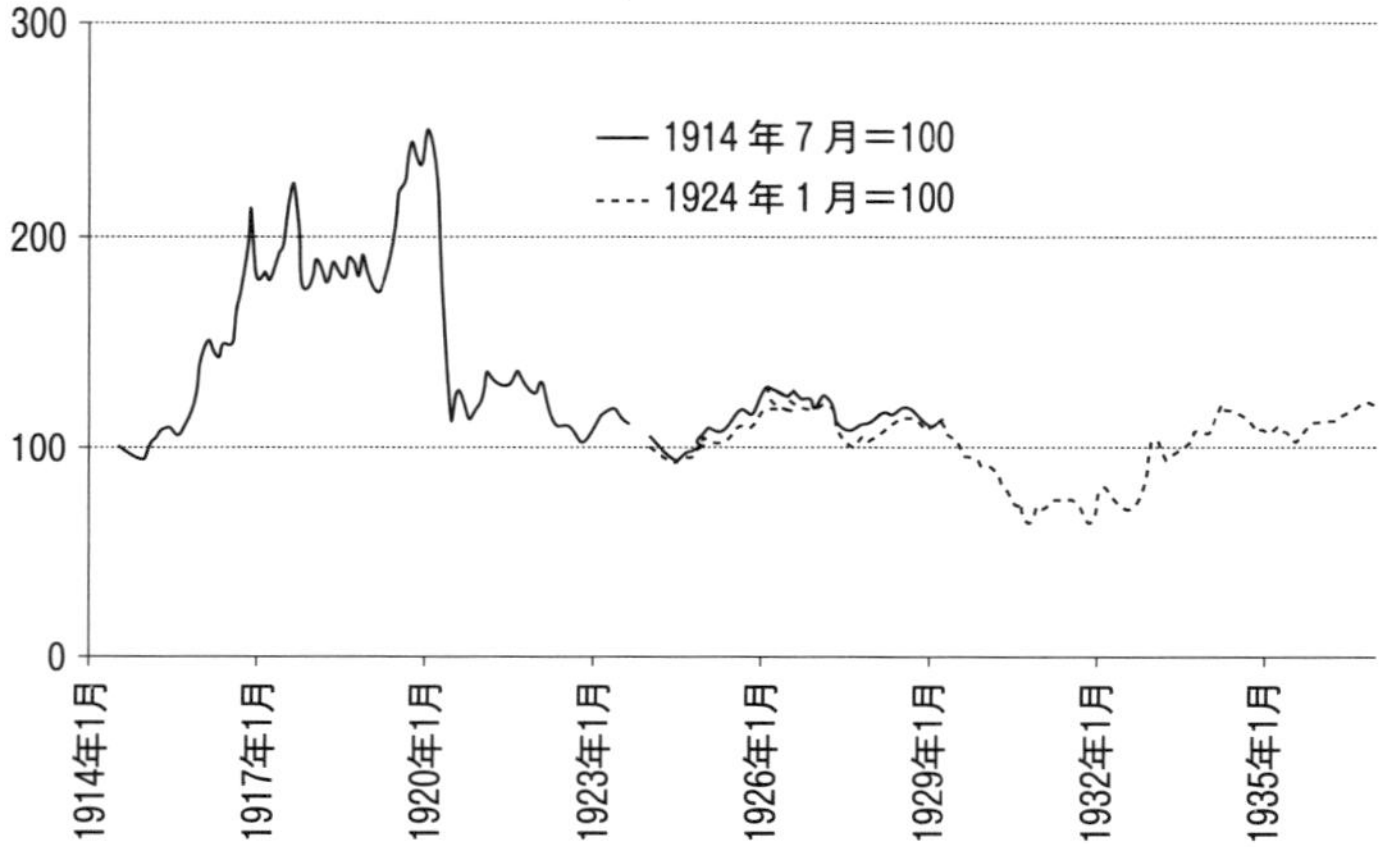

出所）日本銀行『本邦経済統計』各年版

る商議員会が上場の是非を決定していました。先物市場への上場の場合、商議員会のさらなる審査を経て主務大臣に認可を申請するという手続きがとられます。

株式市場は、企業がオークションによって評価されるマーケットです。企業のプロジェクトが好ましいものと判断されるなら株価は高まり、好ましくないものと判断されるなら株価は下がります。企業のプロジェクトの質の良し悪しが公にされることは、その企業に対する新規の資金を提供しようとする人にとって重要な判断材料を提供することになります。プロジェクトの質いかんによって株価の高低が決まる場合、株価にシグナリング機能を見出すことができます。このような株式市場には適切な資金配分を実現する役割が期待できます。この点で明治期の株式市場では、企業情報を盛り込んだ株価形成がある程度実現していました（藤野・秋山 1977；片岡 1987；寺西 2011）。

しかしながら、収益の見込みのないプロジェクトが遂行しているにもかかわらず株価が上昇傾向をとる事態も生じます。このような現象をバブルといいます。第1次世界大戦後のブームは、様々な銘柄の株価が高騰するとともに、ある程度の期間を経て急落するという事態を招きます。バブルが発生し、崩壊したのです。

図表6-2は、日本銀行が推計した戦前日本の株価指数の推移を描いたものです。[1] 1910年代末に株価が高騰し、1920年3月から4月にかけて急落します。株価ブームを背後として事業拡張の資金を提供していた銀行は、大きな不安材料を抱えます。この不安をさらに増大させたのが、関東大震災でした。

1 戦前の株価指数のなかで日銀が推計したものには1914年7月を基準（＝100）とするデータ系列（1928年12月まで）と1924年1月を基準（＝100）とするもの（1940年12月まで）があります。前者は先物取引における106銘柄の（時価総額／払込資本金）の推移です（山一合資会社調査部 1926）。後者は日本銀行調査局『公社債並株式調』によると98銘柄から算出された指数とされ、推計方法は前者を踏襲したものと思われます。

2　関東大震災

震災

1923（大正12）年9月1日午前11時58分、神奈川県相模湾北西沖を震源とするマグニチュード7・9の地震が神奈川県および東京府を中心とする首都圏経済を直撃しました。この大地震が、いわゆる関東大震災です。多くの尊い命が犠牲となります。死者・行方不明者総数は、推計で10万5385名にものぼりました。そのうち東京市では6万8660名（本所区で5万4498名）、横浜市では2万6623名に及びます（諸井・武村 2004）。

本震は1分もない時間の揺れでしたが、3分後に東京湾北部を震源とする余震、さらに4・5分後に神奈川県西部を震源とする余震が発生しました。南関東一円が断続的な強い揺れに見舞われることになったのです（武村 1999）。地震発生の9月1日には、折しも能登半島付近を通過中の台風により関東でも強風が吹いていました。時間帯がお昼時ということもあり火災による被害が甚大でした。

現在の墨田区横網町公園にあたる東京市本所区被服廠跡《ひふくしょうあと》地《ち》に多くの人々が避難します。しかしその被服廠跡地で火災旋風と呼ばれる現象が発生します。竜巻状の炎が多くの尊い命を飲み込んだのです。震災発生の翌日、9月2日日曜の『東京日日新聞』は、一面に「強震後の大火災　東京全市火の海と化す」という見出しをつけています。

東京府・神奈川県内では交通・通信・ガス・水道・電気といったインフラが機能を停止します。東海道本線のうち東京・御殿場間ならびに貨物支線・横浜線・横須賀線は壊滅的ダメージを受けるとともに、新橋・汐留・有楽町・神田・横浜といった駅舎も焼失しました。その一方で避難民の帰郷者や罹災者救護のための往復は激増します。鉄道省は、東海道本線の代替輸送手段として、関釜連絡船（下関－釜山間の連絡船）の高麗丸・景福丸を品川に回航させます。また、小荷物発送を停止して旅客列車を増結する、あるいは品川－横浜間、品川－田端間は貨車輸送を旅客に振り当てるなどの策がとられました。東京－御殿場間が開通するのは10月28日のことでした（横浜市 1976）。

「関東大震災による国富被害」の総額は55億6 3 8万円に達します（日本銀行統計局 1966、26ページ）。なお前年1 9 2 2（大正11）年の名目G N Pは1 5 5億7 3 0 0万円です（大川ほか1 9 7 4）。単純に計算すると、前年の国民所得35・4％分に相当する国富が失われたことになります。

このことは2つの側面で大きな影響を与えます。第1に、自然災害は、短期的には経済成長にマイナスの影響を与える一方、復興を通じてより高度な物的資産が普及することなどを通じて長期的にはむしろ成長にプラスとなることが知られています（Skidomore and Toya 2013）。関東大震災もまた、復興を通じて日本経済が産業化を推し進める契機となりました。

物的資産が失われたことの第2の側面として、不良債権が累積するという問題があります。物的資産が健全であればその資産は収益をもたらすでしょう。だからこそその資産の元手となる資金の返済に充てることができます。その物的資産が焼失したとなれば、資金返済の見込みが薄れます。すなわち、貸し手は不良債権を抱えてしまうことになります。

復興

地震発生翌日9月2日、第2次山本権兵衛内閣が成立します。内務大臣兼帝都復興院総裁として震災復興計画にあたったのが後藤新平です。後藤は9月6日の閣議で「帝都復興ノ議」を提出します。後藤はこの復興を「理想的帝都建設」のための「絶好ノ機会」とし、都市計画事業を執り行う帝都復興院を設立して有能な官僚を結集します（鶴見 1967、588ページ）。被災地復興のために国が主導する体制を整えたのです。

帝都復興院作成の「震災復興計画」が閣議了承されるのは震災発生から3カ月目を迎える前、10月27日のことでした。後藤には1920（大正9）年12月から1923（大正12）年4月まで東京市の市長を務めていたという経歴がありました。このときの都市改造計画がベースとなって震災復興計画が創案されたのです。

主要幹線道路の新設・拡張、上下水道整備、公園の新設といった土木事業のほか、市庁舎や小学校といった建築事業も進められます。後者の枠組みとしては、公設市場、職業紹介所あるいは労働者合宿所等の施設が建設されるなど、資源配分あるいは雇用をサポートする機関の創設によって都市の機能の充実化が図られたのです。策定された復興事業は1930（昭和5）年3月に終了しました（鶴見 1967；越澤 2011；内田 2014）。

渋谷－横浜間の東横電鉄や鶴見臨海鉄道、湘南電鉄など復興の過程で京浜工業地帯を結びつける鉄道業に著しい進展が見られました。欧風建築、鉄鋼制橋梁、あるいはレールや車両に対する需要が急増するなか、官営八幡製鉄所は販売部を東京に移転させて東京府および神奈川県など被災地における活動強化を図るとともに復興をサポートしていました。また、震災以前より進行中であった電化工事も復興を挟んで進められ、1925（大正14）年8月には東海道本線の電化工事が完成します（横浜市 1976）。

様々な会社の社史のなかには、大正時代、ことに関東大震災を機に近代的なビルに改築したことを回想しているものが少なくありません。とりわけ生命保険会社の社史を読むと、契約書類等の重要書類を安全に保管できる近代的なビルを建築することは、契約者に信頼性の高さを印象づける材料となっていたとする叙述に出くわすことがあります。なかでもビル焼失のデマが流れた第一生命（7階建てのうち2～5階と金庫・倉庫は比較的無事でした）は、保険契約者を安心させるため、「焼け野原にポツンと第一相互館が佇立している写真を絵葉書にして全国へ発送」したのです（図表6-3、第一生命保険相互会社 1958；第一生命保険相互会社 2004）。

東京の景観は様変わりします。永田町の内閣総理大臣官邸、兜町の東京株式取引所（現在の東京

図表6-3　関東大震災直後の第一相互館
（第一生命ビル）

出所）『第一生命五十五年史』275ページ

証券取引所）、松坂屋上野店あるいは日比谷公会堂など近代的なビルの竣工ラッシュが続きます。たとえば新宿は駅ビルや百貨店の建築が近代化しただけでなく西武鉄道や小田原急行鉄道も乗り入れるなど、娯楽・消費の中心地として多くの人が行き交う場になりました。あるいは東京銀座はモダンボーイやモダンガールが闊歩する街として栄え、浅草は剣劇映画（チャンバラ映画）やエノケンこと榎本健一らが喜劇を演じる大衆娯楽の街として栄えるようになります（中村　１９９４）。

百貨店はすでに１９０４（明治37）年に三越呉服店が発足するなど、明治期の時点で、いわゆるデパートメントストアと従来の卸商・問屋商のネットワークを拠り所とするビジネスとの対立が鮮明でした。百貨店は生活必需品の特別安売りを銘打ちながら顧客層を拡大します。

ことに松坂屋は上野店において、座売り方式を廃止し、ショーウィンドウを巡らし陳列販売方式を導入します。買い手が履物を脱がずに店頭で商品を品定めできるようにするという戦略で、顧客層の拡大が図られたのです。関東大震災後の復興はそういった百貨店の大衆化路線を東京で推し進めるとともに、大阪あるいは他の地方都市を拠点とする百貨店の顧客層拡大にも波及します（初田1993；末田2010）。

金融不安

震災直後、1923（大正12）年9月7日に政府は支払延期令を公布、施行します。銀行に対する預金引き出しの列が被災地内外を混乱させることが懸念されました。そのため預金者への預金支払いを停止するよう命じられたのです。

しかしそれだけでは銀行業の不安は払拭できません。被災した企業は、手形の支払いが困難になります。そのため多くの銀行がこの手形の処理に困ることになります。政府は9月27日に緊急勅令（震災手形割引損失補償令）を公布、施行します。支払い不能な手形について、日本銀行が、金利8・76％を割引率として割り引いて、銀行に資金を融通するのです。このときの手形を震災手形といいます。ただし、そのなかにはすでに不良債権化していた手形も少なからず含まれることになりました。

言い換えれば、震災手形とは震災を機に計上された不良債権のことです。震災手形の処理は遅々として進まず、これは1927（昭和2）年の昭和金融恐慌というパニックの遠因となったのです（永廣2000）。

図表6-4　実質銀行業GVA（Gross Value-Added）と実質GNP：1921-1930年

	実質銀行業GVA（百万円：1934-36年価格）	実質GNP（百万円：1934-36年価格）
1921年	486	12,153
1922年	416	11,831
1923年	457	11,292
1924年	433	11,659
1925年	390	12,332
1926年	372	12,424
1927年	348	12,843
1928年	345	13,673
1929年	348	13,735
1930年	232	13,882

出所）寺西・横山（1998、18ページ）、大川ほか（1974、第23表）。原資料は土方（1933）

図表6-4は1920年代の銀行業における実質GVA（Gross Value-Added）および実質GNPの推移を示しています。つまり銀行業と日本経済全体とでそれぞれ1年間でどれくらいの価値が付加されたのかを示しています。震災発生の1923（大正12）年に着目してみましょう。銀行業GVAは震災後に大幅なダウンを見せ、1928（昭和3）年まで低下傾向にあります。GNPですが震災の年にはダメージを窺えるものの、その後はむしろプラス成長を実現しています。

銀行が不良債権処理問題に直面する一方で、復興のために資金の提供を求める中小企業は少なくありませんでした。政府は大蔵省預金部を通じ、被災した商工業者等に対して総額560０万円分の低利融資を行います。そして住宅融資のため、さらに貸出枠を広げなくてはなりませんでした。日本銀行による銀行への特別融資がすでに4億3000万円を数えていました。政府は5億5000万円にものぼる外債を発行してこれを乗り越えようとします（高橋・森垣 1993）。

3 電力化

震災への電力会社の対応

大正時代における電力業は競争的な産業組織でした。1922（大正11）年で電力業を営む会社数は583社を数えました（逓信省『電気事業要覧』の修正値、橘川 1995）。なかでも最大手であったのが東京電力の前身、東京電灯株式会社（以下、東電）でした。東電は1887（明治20）年から送電事業をスタートします。関東大震災直前には事業区域が12府県（東京・神奈川・静岡・山梨・千葉・埼玉・栃木・茨城・群馬・長野・福島・新潟）にも及びます。

関東大震災による東電の被害総額は2065万円とされています。これは公称資本金（2億5800万円）の8％に相当する額です。幸いにして壊滅的とまでは及ばない被害でした。東電は活発にM&Aを展開していたことで発電・送電の設備を地理的に分散できたのです。

電気事業は都市の照明用としてスタートしました。したがって都市近郊の水源を利用した水力発電をメインの供給設備としていました。やがては家庭用照明の需要のみならず、市街鉄道や動力の

図表6-5　東京電灯のM&A：1917-1926年

	合併か買収か	対象企業	公称資本金（千円）
1917年1月	買収	江戸川電気	50,000
1920年3月	合併	日本電灯	50,000
1921年4月	合併	利根発電	146,000
	買収	利根軌道	146,000
5月	合併	横浜電気	166,000
10月	合併	第二東信電気	171,000
12月	合併	高崎水力電気	176,500
	合併	熊川電機	177,250
1922年2月	合併	桂川電力	219,750
10月	合併	日本水力	222,000
11月	買収	烏川電力	222,000
1923年2月	買収	水上発電	222,000
4月	合併	猪苗代水力電気	257,500
	合併	忍野水力電気	258,000
1924年10月	買収	日本鉄合金	258,000
1925年4月	買収	東洋モスリン電気事業部	258,000
10月	合併	京浜電力	277,570
		富士水電	296,394
1926年5月	合併	帝国電灯	345,724

出所）東京電灯株式会社（1936、126-127・152-153ページ）

需要にも対応しなくてはならなくなります。しかしながら都市部もしくはその近郊の人口密度が上昇するにつれて、発電所の立地は難しくなります。そのため大容量発電機を導入することで、集中統合化した発電所の建設を次々と推し進めます。各地に大容量水力発電所あるいは火力発電所が点在するようになります（電気事業講座編集委員会 1986）。

ただし、電力各社が事業と営業規模を拡大する上で、やがては新規に発電所を建設するだけではなく、すでに設備を構えている電力会社を買収・合併するようになります。M&Aを通じて電力供給設備を拡充するのです。株式の譲渡や売買に関する制度が整備されて資本市場が機能していたことは、電力会社の事業拡張にとってプラスとなったのです。

図表6-5は東京電灯のM&Aを整理したものです。東電は関東大震災以前の時点で買収を通じて設備を拡張し、合併を通じてさらに資本金規模をも拡張していました。震災後もM&A活動を展開します。なお、1927(昭和2)年には東電証券会社を創設して、子会社の株式所有にあたらせます。子会社の株式所有にあたらせる証券会社あるいは財産保全会社を創設するという手法は、東電を含めた当時の五大電力、東邦電力(東邦証券)、大同電力(大同土地興業)、日本電力(日電証券)あるいは宇治川電気(宇治電証券)でも採用されました。

M&Aは一面ではマーケット獲得のための手段ですが、東電はこれに加えて地理的に離れた場所の設備を所有しておくことで自然災害のリスクを軽減していたのです。

電力化と産業化

すでに1910年代から都市では電力化が進んでいました。電力化が都市を中心に進行していたことから、一定地域内において工場が集中すること、つまり生産の各工程プロセスが一極集中することのメリットが享受されるようになるのです(中村 2010)。これは、第5章で言及した、各地の生産工程が結び付けられるかたちで進行した繊維部門の産業化とは異なるプロセスと言えます。

関東大震災は一極集中していた産業にとっては一時的なダメージとなりました。しかし、復興を機に動力を電力化する工場はむしろ増大します。繊維産業のみならず、鉄鋼、機械器具あるいは化学といった重化学工業部門も著しい進展をみせたのです（東京電灯 1936：南 1965：電気事業講座編集委員会 1986）。

電力会社の市場開拓は企業向けの電力部門のみならず、一般家庭向けの電灯部門でも進みます。東京電灯は1924（大正13）年4月から電灯・電力料金について従量制を適用するものとしました。電力料金は定額プランが主流でしたが、これでは電灯・電気をつけっぱなしにさせてしまうという問題点がありました。従量制への移行は東京市からの節電の呼びかけに応えるものとして、マーケットの原理を通じて実現しようとする東京電灯の意図の現れでもありました。

東京市電気局と東京電灯は、二十四時間の送電に対するニーズに応えるものとして、1925（大正14）年4月に屋内電灯を3灯以上とり付けている全利用者に対して強制的に従量制とするものとしました。従量制により、小規模利用にとどまる家屋でも電気を利用するケースが増大します。これは、アイロンや電気ストーブなど電熱器具の普及を促すことにもなりました。小口利用者の開拓に着目した他の電力会社も次々と従量制プランへの切り替えに踏み切ります（東京電灯株式会社 1936：加島 2013）。

2011年3月11日に発生した東日本大震災の後、「震災復興にむけての三原則」と題された提言のなかで、電力不足対策として市場メカニズムの活用が唱えられていました（伊藤ほか 201

1）。この提言は、東京という都市の歴史と電力会社の経営史を紐解くことでも自覚されるものだったのです。電力会社は、資本市場でのM＆Aを通じて自然災害リスクへの耐性を強化し、市場メカニズムを活用する料金プラン戦略を採用するなどして、復興と経済成長に貢献していたのです。

参考文献

麻島昭一（1969）『日本信託業発達史』有斐閣
石井寛治（1999）『近代日本金融史序説』東京大学出版会
伊藤修（1995）『日本型金融の歴史的構造』東京大学出版
伊藤隆敏・伊藤元重ほか（2011）「震災復興にむけての三原則」『復興と希望の経済学　東日本大震災が問いかけるもの』経済セミナー増刊、日本評論社
伊牟田敏充（1976）『明治期株式会社分析序説——講義用テキスト』法政大学出版局
内田青蔵（2014）「コラム30 帝都の被災と復興」『企画展示　歴史にみる震災』国立歴史民俗博物館
永廣顕（2000）「金融危機と公的資金導入」伊藤正直・靎見誠良・浅井良夫編『金融危機と革新——歴史から現代へ』日本経済評論社
大川一司・高松信清・山本有造（1974）大川一司・篠原三代平・梅村又次編『長期経済統計1——推計と分析国民所得』東洋経済新報社
岡崎哲二（1993）「第4章　企業システム」岡崎哲二・奥野正寛編『シリーズ現代経済研究6　現代日本経済システムの源流』日本経済新聞社
岡崎哲二・浜尾泰・星岳雄（2005）「戦前日本における資本市場の生成と発展——東京株式取引所への株式上場を中心として」『経済研究』第56巻第1号、岩波書店、15～29ページ
加島篤（2013）「日本における定額電灯制と電球貸付の変遷」『北九州工業高等専門学校研究報告』第46号、9～26ページ

片岡豊（1987）「明治期の株式市場と株価形成」『社會經濟史学』第53巻第2号、159～181、269ページ
片岡豊（1988）「明治期における株主と株主総会――鉄道業の合併をめぐって」『経営史学』第23巻第2号、33～58ページ
片岡豊（1999）「戦前期の株式取引所と場外市場」『白鷗大学論集』第13巻第2号、133～154ページ
加藤俊彦（1957）『本邦銀行史論』東京大学出版会
橘川武郎（1995）『日本の電力業の発展と松永安左ヱ門』名古屋大学出版会
越澤明（2011）『後藤新平――大震災と帝都復興』ちくま新書
小林和子（1995）『株式会社の世紀――証券市場の120年』日本経済評論社
志村嘉一（1969）『日本資本市場分析』東京大学出版会
第一生命保険相互会社編（1958）『第一生命五十五年史』
第一生命保険相互会社編（2004）『第一生命百年史』
高橋亀吉・森垣淑（1993）『昭和金融恐慌史』講談社学術文庫
武村雅之（1999）「1923年関東地震の本震直後の2つの大規模余震――強震動と震源位置」『地學雜誌』Vol. 108, No.4, 440～457ページ
谷本雅之・阿部武司（1995）「3　企業勃興と近代経営・在来経営」宮本又郎・阿部武司編『日本経営史2　経営革新と工業化』岩波書店
鶴見祐輔（1967）『後藤新平　第四巻』勁草書房
東京電灯株式会社編（1936）『東京電灯株式会社開業五十年史』
末田智樹（2010）『日本百貨店業成立史――企業家の革新と経営組織の確立』ミネルヴァ書房
寺西重郎（1982）『日本の経済発展と金融』岩波書店
寺西重郎（2003）『日本の経済システム』岩波書店
寺西重郎（2011）『戦前期日本の金融システム』岩波書店
寺西重郎・横山和輝（1998）『インドネシアのサービス業部門GVAの長期推計』Discussion paper, 一橋大学経済研究所中核的拠点形成プロジェクト No. D98-1

電気事業講座編集委員会編（１９８６）『電気事業講座第３巻　電気事業発達史』電力新報社
永田鉄三（１９４０）『株式取引所職能論』南効社
中村尚史（２０１０）『地方からの産業革命――日本における企業勃興の原動力』名古屋大学出版会
中村政則（１９９４）『昭和の恐慌』小学館ライブラリー
日本銀行統計局（１９６６）『明治以降本邦主要経済統計』
初田亨（１９９３）『百貨店の誕生』三省堂選書
土方成美（１９３３）『国民所得の構成』日本評論社
藤野正三郎・秋山涼子（１９７７）『証券価格と利子率――１９７４～１９７５年』第１巻、一橋大学経済研究所社会科学統計情報研究センター
藤野正三郎・寺西重郎（２０００）『日本金融の数量分析』東洋経済新報社
南亮進（１９６５）大川一司・篠原三代平・梅村又次編『長期経済統計12――推計と分析　鉄道と電力』東洋経済新報社
諸井孝文・武村雅之（２００４）「関東地震（１９２３年９月１日）による被害要因別死者数の推定」『日本地震工学会論文集』第４巻第４号、21～45ページ
山一合資会社調査部編（１９２６）『証券通覧』
山中宏（１９８６）『生命保険金融発達史　増補版』有斐閣
横浜市（１９７６）「第六編　京浜工業地帯の発展」『横浜市史第５巻　中』
Hamao, Yasushi, Takeo Hoshi and Tetsuji Okazaki（2009）“Listing Policy and Development of the Tokyo Stock Exchange in the Pre-War Period,” in Ito Takatoshi and Andrew K. Rose eds, *Financial Sector Development in the Pacific Rim*, University of Chicago Press, pp.51-87.
Skidomore, Mark and Hideki Toya（2013）“Natural Disaster Impacts and Fiscal Decentralization,” *Land Economics*, 89(1), pp.101-117.

第7章

昭和とマーケット

1930（昭和5）年、井上準之助は金解禁を断行しました。彼には市場メカニズムに対する絶大な信頼がありました。しかしながら結果として昭和恐慌が発生します。政策レベルにおいて、市場メカニズムに対する信頼は失墜します。続く高橋財政のもとでは財閥のM&Aが活発化し、資本市場を軸とした経営規律が奏功します。やがて戦時統制・戦後改革を経て、計画経済を優れたものと捉える官僚が産業政策を主導するようになります。

1　金解禁

金本位制[1]

金本位制とは、本章でいう金兌換によって通貨の価値が保証されている国家間で自由に金を現送できる仕組みのことです。兌換とは、金融政策当局の管理下にある金融機関で通貨と貴金属とを交換できることを指します。金兌換が行われているということは、国内の通貨の価値が政府の金保有量、つまり金準備によって裏付けられているということであり、通貨量も金準備に依存して変動します。

１８１６（文化13）年、英国がポンドの金兌換を開始します。その後、ドイツが１８７１（明治４）年、フランスが１８７６（明治９）年に金兌換をスタートします。１８７９（明治12）年にアメリカが金兌換をスタートしたのを機に金本位制が確立します。１８８０年代から１８９０年代、オーストラリア、ニュージーランド、あるいはロシアといった国々が金兌換をスタートして金本位制に参加します。日本が金本位制に参加するのは１８９７（明治30）年のことです。

1　とくに断りのない限り、Drummond（1987）、McKinnon（1993）、Cameron and Neal（2003）、野口・若田部（２００４）を参照。

1871（明治4）年の新貨条例では、1円は金1・5グラムの価値に相当すると定められていました。銀行で金兌換券が発行されるようになりますが、不換紙幣の発行も許可されます。このため紙幣乱発によるインフレが深刻化します。1882（明治15）年、中央銀行として日本銀行が創設されます。日銀のみが銀行券の発券主体とされ、乱発された不換紙幣の回収作業が進められます。1885（明治18）年から銀兌換券が発行されます。1895（明治28）年、日清講和条約により日清戦争の賠償金2億両《テール》を3500万英国ポンドとして受領します。その大半はロンドンの在外正貨とされ、これが金兌換スタートの準備金となったのです。この金準備をもとに、1897（明治30）年3月に貨幣法が制定、同年10月に施行され、日本は金本位制に参加できたのです。

金本位制は、金現送が自由に行われることで、各国の為替相場が安定化する仕組みだと考えられていました。この仕組みについて説明しておきます。

貨幣法第二条では「純金ノ量目二分ヲ以テ価格ノ単位ト為シ之ヲ圓ト称ス」と定められました。金平価（兌換の比率）として、1円を純金2分（約0・75グラム）としたのです。すると100円で金75グラムです。1ドルが金1・5グラムに相当していたので、100円を50ドルと交換できることになります。[2]

100円の価値に相当する金75グラムの日米間の現送費を0・5ドルとします。ドルの需要が高まり円安ドル高の勢いが高まると、100円は50ドルから49・9ドル、49・8ドルと徐々に安くなります。ただし、これが49・5ドル以下となるならば、100円をドルと交換するよりも、75グラムの金と兌換して現送する方が得です。したがって49・5ドル以下の相場はつかないことになります（同じように、100円につき50・5ドルよりも高い相場がつくこともありません）。

ここで、金本位制を採用する国家どうしで、一方が黒字国、もう一方が赤字国となったとします。すると、赤字国から黒字国への金の流出が生じます。赤字国では金融当局が金兌換の請求を受けて自国通貨を買い戻すことになります。赤字国の市中に出回る通貨量は減少します。赤字国でデフレが進行します。

一方、黒字国には金が流入します。ここで国内の通貨量の増加を通じてインフレが進むならば、黒字国の商品価格が上昇します。このとき黒字国は国際競争力が弱まります。そうなれば黒字国と赤字国での国際収支が均整化します。ここに、価格メカニズムを通じて国際競争力の格差が解消するかたちで各国の国際収支が均整化する、という仕組みを見出すことができます。金本位制は、デイヴィット・ヒューム（David Hume）、デイヴィット・リカード（David Ricardo）、さらにはアダム・スミス（Adam Smith）といった、古典派経済学の価格理論に立脚する政策レジームでした（Keynes 1923）。

しかし、この考え方には盲点があります。黒字国では、金流入が続いたとしても中央銀行が国債

2　正確には、100円で49・875ドルに相当しました。

を売却するなどすれば、平価を変えることなく自国通貨の総量を増やさないようにしてインフレを抑制できます（貨幣の総量を変化させずに為替相場に介入する、言うなればこれは不胎化政策です）。黒字国はインフレ抑制を通じて国際競争力を落とさずに済むのです。一方で赤字国ではさらにデフレが進行します。[3]

国際収支の均整化を実現するためには、各国の中央銀行が優先原則を遵守しなくてはなりません。つまり国内物価の安定性を優先せずに、金の流出入に伴う金準備の変動に応じて通貨量を調整しなくてはならない、という原則です。この優先原則を金本位制の「ゲームのルール」といいます。ただし、各国とも「ゲームのルール」を破りました（Bloomfield 1959）。

１９１４（大正３）年の第１次世界大戦勃発を契機に、各国は、金兌換の打ち切り、あるいは金準備と流通通貨の関係性の断ち切りなどの手段で金本位制から離脱します。日本も１９１７（大正６）年に金輸出を禁止し、金本位制から離脱します。

１９２５（大正14）年、英国の金本位制復帰を機に、各国で金本位制復帰が相次ぎます。経済学者ジョン・メイナード・ケインズ（John Maynard Keynes）など金本位制の限界を指摘する声はありました。しかしながら、金本位制参加によって国際協調姿勢をアピールできるというメンタリティが各国間で共有されていたことで金本位制再建が試みられたのです（Eichengreen and Temin 2000）。

金解禁論争

１９２７（昭和２）年３月、大蔵大臣片岡直温の失言を引き金に首都圏で銀行取付けの騒動が発生します。同年４月には台湾銀行を救済するための勅令案を枢密院が否決したことで取付け騒動が全国的に広がります。これを前後した政権交代により大蔵大臣に就任したのが高橋是清です。４月25日、高橋は事態の収拾のため預金業務停止を命じ、日本銀行に普通銀行への特別融資を指示します。日銀総裁の井上準之助は、救済融資先銀行の選定や銀行監査制度の改革に取り組みます（高橋・森垣１９９３）。高橋と井上の英断と行動力の甲斐あって騒動は鎮静化しました（図表７-１）。この一連の騒動が昭和金融恐慌です。騒動が鎮静化したことで、金輸出の解禁、すなわち金解禁をめぐる議論が活発化します。

図表７-２は、１９２８（昭和３）年11月に日本工業倶楽部が会員企業に対して行った金解禁の意向調査結果を整理したものです。この原資料では、「即時解禁」、「条件付き解禁賛成」（時期あるいは円相場について一定条件を満たしてからの解禁に賛成）、そして「解禁反対」（時期尚早）の３つそれぞれの立場にある会社数を各産業ごとに集計しています。図表７-２では「即時解禁」の会

3　赤字国から黒字国に金が流出すると、黒字国の金準備GBと赤字国の金準備GRの比率$\frac{GB}{GR}$は、上昇します。金本位制のもとでは黒字国の通貨量MBと赤字国の通貨量MRの比率$\frac{MB}{MR}$も同じように変化しなくてはなりません。黒字国でMBの上昇が抑えられると、通貨量MRの縮小、すなわち赤字国での金融引締めが強いられることになります。

図表7-1　井上準之助（左）と高橋是清（右）

出所）Wikimedia Commons
（左）https: //upload. wikimedia. org/wikipedia/commons/7/78/Inoue_Jun-nosuke_1-2.jpg
（右）https: //upload. wikimedia. org/wikipedia/commons/8/86/Korekiyo_Takahashi_2.jpg

社数の多い順に産業を上から並べています。同数の場合は「解禁反対」が少ない順に上から並べています。

「銀行・保険・信託」すなわち金融が多数派です。金融業界で影響力のある池《いけ》田《だ》成彬《しげあき》（東京手形交換所理事長、後の三井合名の筆頭常務理事）が即時解禁、それも旧平価解禁論者だったことが影響しています。

ただし池田の発言力も、日本工業倶楽部が一枚岩となるほどではありませんでした。時期尚早の意見が強い産業は「金属精錬」です。金属のなかでも鉄鋼業は、業界全体で旧平価解禁に対し強い抵抗を示していたことで知られています。巨額な設備投資を抱える鉄鋼業においては、旧平価解禁による円切り上げによって輸

図表7-2　金解禁に対する日本工業倶楽部会員企業の意向（1928年11月）

	即時解禁	条件付き解禁賛成	解禁反対
銀行・保険・信託	8	3	1
製紙	3	0	1
貿易	2	6	0
生糸・絹紡	2	0	1
海外投資	2	0	1
窯業	2	1	2
電気	1	1	0
飲食	1	0	1
機械	1	0	1
綿業・毛糸紡織	1	5	3
綿業	1	2	3
鉄道	0	1	0
石油	0	2	0
化学工業	0	4	1
石炭	0	1	1
製糖	0	2	2
海運	0	1	2
電機	0	0	2
金属精錬	0	2	5
計	24	31	27
その他含む合計	26	33	28

出所）日本銀行調査局『日本金融史資料昭和編』第二十三巻、688ページ

入鉄鋼の価格が下落し、国内売上げが縮小するという事態は避けたかったのです（中村 1988：三和 2003）。

やがて池田をはじめ、郷誠《ごうせい》之助《のすけ》さらに結城豊太郎といった財界人、加えて土方成美といったアカデミシャンらが旧平価解禁論者として発言します（若田部 2004）。その旧

平価解禁論者の代表格となったのが井上準之助です。

井上は、１９２９（昭和４）年７月、立憲民政党の浜口雄幸が率いる内閣の大蔵大臣に就任します。次に示すのは、同年9月刊行の雑誌『改造』（第一一巻第九号）に掲載された井上準之助の論説です。こうした論説あるいは各地での演説を通じて、井上は緊縮財政と消費節約を徹底しなければ日本経済は更正できないとする立場を全面に打ち出します。

「…仮りに理論上貿易の均衡を得べき筈の為替相場が見付かり、夫（それ）を標準として新平価を定めた所で、夫（それ）のみに依て金本位制は完全に維持されるべきでない。只解禁に依る為替及物価の一時的変動を避くると云ふ消極的目的を達するに過ぎないのであつて、財政状態が依然放漫であり、財界の整理も行はれず、国民の消費節約も行はれぬと云ふことであれば、新平価の下に於ても再入超の現象は繰返さるるに過ぎないのであつて、結局財政の緊縮、財界の整理と云ふ過程を一度は経ねばならぬことを発見するに過ぎぬであろう。

…（中略）…金の解禁は単に為替相場の安定のみが全目的ではない。之に依て国民一般の緊縮的気分を喚起し、公私経済の面目を一新し、産業の経営を合理化し、経済の根本建直しを行はんとする理想を其内に包蔵して居るのであつて、此目的達成の為には、従来の平価への合理的復帰を目標として進むの外ないのである」

（日本銀行調査局　１９６９、１００ページ）

立憲民政党と対立した政党、立憲政友会は金解禁には消極姿勢でした。その経済政策のブレーンでもあった高橋是清は時期尚早論者でした（長 2001）。あるいは石橋湛山など、円の購買力が低下している実情を鑑みて100円を46・50ドル程度とする新平価解禁を唱えるエコノミストも現れました（石橋 1929）。

ただし、新聞メディアにおいては新平価解禁論がクローズアップされることはまれであり、むしろ旧平価解禁の論説が多くを占めていました（中村 2004）。こうして、1930（昭和5）年1月11日に、「100円＝49・875ドル」という旧平価で金輸出が解禁され、金本位制復帰が実現します。

昭和恐慌

図表7-3は、1926（大正15・昭和元）年1月から1936（昭和11）年12月までの、東京卸売物価指数（1900年＝100）、および100円に対するドル相場の推移を示すものです。金本位制の復帰期間は1930（昭和5）年1月から1931（昭和6）年11月までです。図表7-3では、為替相場を示す点線のグラフが該当区間において一定水準（49・375ドル）を保っています。この期間、実線の卸売物価指数が継続的な下落を示しています。

図表7-4は、1926（大正15・昭和元）年から1936（昭和11）年の国際収支について整理したものです。輸入に対する輸出の比率は1を一貫して下回っており、日本は貿易赤字国でした。

図表7-3　為替相場と東京卸売物価指数：1926年1月-1936年12月

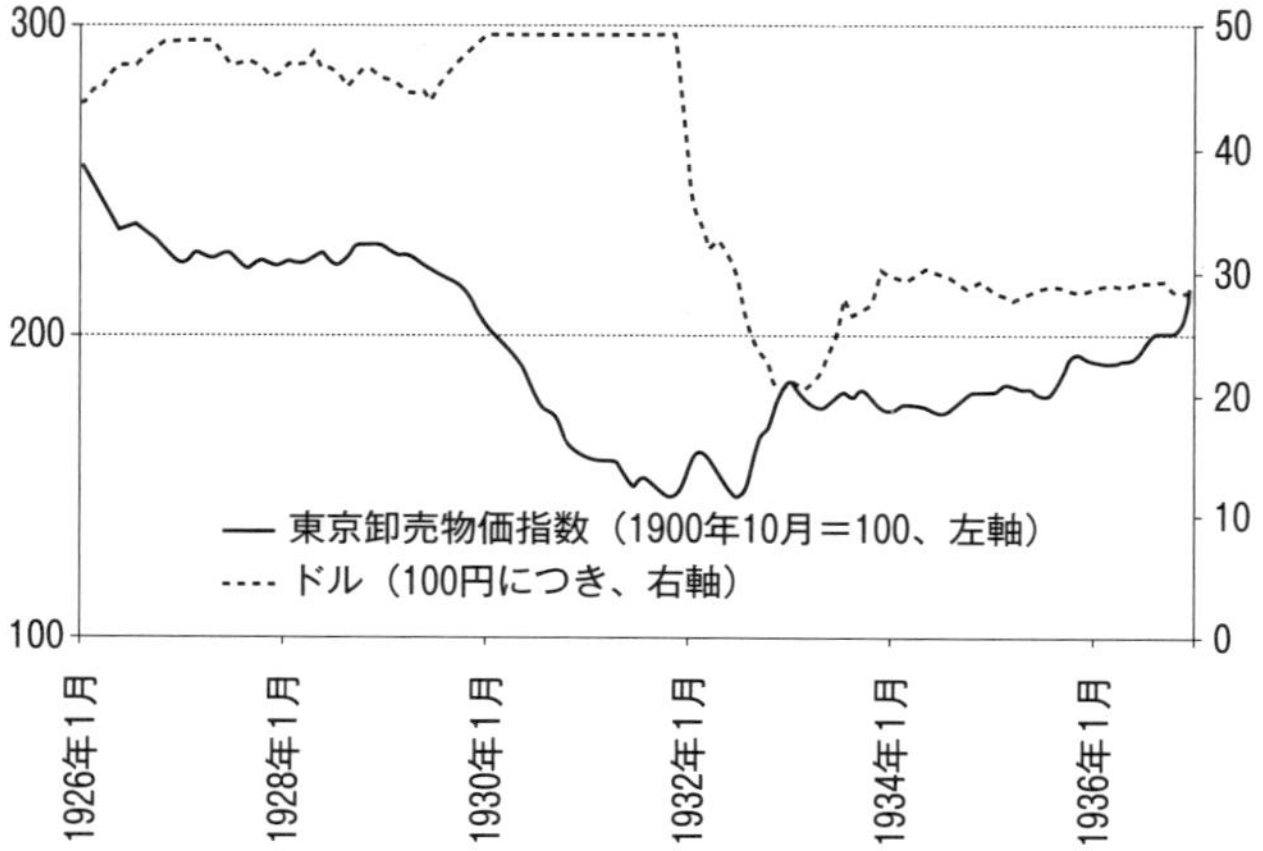

出所）日本銀行『本邦経済統計』各年版

図表7-4　国際収支（本土）：1926-1936年

	輸出／輸入	総合収支（百万円）	金銀移動（百万円）
1926年	0.827	−54.2	−27.3
1927年	0.879	−80.4	−36.2
1928年	0.874	−69.3	2.5
1929年	0.942	143.3	2.6
1930年	0.933	−395.7	−274.4
1931年	0.877	−416.7	−370.8
1932年	0.931	−78.8	−102.8
1933年	0.954	−81.8	−7.7
1934年	0.939	13.3	22.4
1935年	1.001	−19.7	−18.6
1936年	0.985	29.5	28.4

出所）山澤・山本（1979）第16表

総合収支は、対中国投資を通じて黒字となる年次もありますが、概して赤字です。その赤字幅が、金解禁により大量の正貨が流出したことで拡大していることも窺えます。金流出とともにデフレが激化するという金本位制下の赤字国の典型的な事態が日本経済を襲ったのです。

1930（昭和5）年の秋には豊作予想を受けて米価が大幅に下落しました。これに先んじて6月には対アメリカ向けの生糸価格が暴落します（前年産の生糸については糸価安定融資補償法が制定されたことで価格が維持されていたのですが、6月以降はその適用を受けなくなったのです）。農家の4割を占める養蚕農家には大きな痛手となります（中村 1988；石井 1991）。

農家経済が打撃を受けたことは非常に深刻です。産業化の局面においては、工場労働者が職を失ったとしても親族の農家が扶養してくれるならば、生活できたのです。そのため、失業保険制度あるいは失業手当制度といった生活保護制度は未整備だったのです[4]（加瀬 2011）。

労働力市場の機能不全の問題を解決する上で、失業対策は重要な制度設計となってくるはずです。しかしながらその失業対策が遅れていたことは、昭和初期日本経済の致命的な欠陥と言わざるを得ません。しかも、セーフティネットであったはずの農家経済に対し、昭和恐慌は大打撃を与えたのです。

4 浜口雄幸内閣は労働組合法制定を構想していましたが、実現には至りませんでした（三和 2003、第8章）。

内閣統計局『昭和五年国勢調査最終報告』では、1930（昭和5）年での失業率は全国平均で1・57％、都市部では2％台に達したと推計しています。尾高（1969）は、都市部の失業率が高いのは当然とは言え、その水準はまったく信頼できないという判断を職業紹介所への殺到の度合いから下しています。中村（1988）は、第2次世界大戦後の経済安定本部調査をたよりとして、1932（昭和6）年の失業者数を250万人と推定し、人口問題研究所の調査から同年の「有業者数」を2788・1万人としています。このとき失業率（＝失業者数／［失業者数＋有業者数］）は8・23％となります。谷沢（2001）は、東京市社会局編『東京市要保護世帯生計調査』（1932年）をもとに、男性で7・8％、女性で3・6％、男女計で7・6％という失業率の推計値を得ています。

金解禁は、市場メカニズムに対して全幅の信頼を抱くことがいかに危険であるのかを政策当局に痛感させる出来事となりました。

井上が信奉していた金本位制も崩壊します。1931（昭和6）年9月、英国が金本位制離脱の声明を出します。同年11月には立憲民政党の若槻礼次郎内閣が総辞職し、立憲政友会の犬養毅内閣が組閣します。そして井上は、1932（昭和7）年2月9日に血盟団事件と呼ばれるテロに遭い、命を落とします。

2　昭和とマーケット

高橋財政下の景気回復

犬養内閣の大蔵大臣に就任したのが高橋是清です。高橋が大蔵大臣に就任したことで、彼のリーダーシップ能力あるいは利害調整能力に対する期待が高まります（Cha 2003：Smethurst 2009）。1932年から1936年まで、対前年1人あたり実質GNP成長率の年平均は4・59％に達します（大川ほか 1974）。

景気回復の要因は3つに分類できます。第1に金本位制離脱による為替ショック、第2に技術進歩、そして第3が金融システムの進化です。

第1の為替ショックですが、1931（昭和6）年12月大蔵大臣に就任した高橋は、金本位制離脱を宣言します。これによる円急落は図表7-3からも確認できます。為替ショックを通じて輸出が刺激され、国内の産業が活性化します（Nanto and Takagi 1985：Okura and Teranishi 1994：Cha 2003：梅田2006）。金本位制離脱は、インフレ期待にも影響し、資本市場参加者にポジティブな投資誘因を与えました（飯田・岡田 2004：鎮目 2009）。

財政政策および金融政策による景気浮揚効果は、皆無とは言えないものの、それほど大きくはありませんでした[5]（Cha 2003：梅田 2006）。農村経済の復興を掲げて推進された時局匡救事《じきょくきょうきゅうじ》業《ぎょう》についても、地主など特定の層を潤しつつも、農家所得を上昇させる効果は小さなものでした（中村 1988）。増発公債の引き受け手に不足していた点を鑑みて、高橋は「窮余の一策」として日銀引受による赤字公債発行を断行していました[6]（日本銀行 1948）。危険な手段を講じたにも関わらず、その効果は薄かったばかりか、財政破綻の危機を招きます（島 1983；武田 2002；鎮目 2009）。

景気回復の第2の要因は、技術進歩です。発電電力が水力から火力へとシフトするとともに、電力料金が低下します（南 1965；橘川 1995）。電気機械をはじめ製造業各工程の電化が進み、技術進歩が達成されます（富永 1986）。他部門への波及効果という点では鉄鋼業が躍進し始めるなど、重化学工業の進展がみられます（西川・腰原 1981）。

景気回復の第3の要因は、金融システムの進化、具体的には株式市場を軸としたコーポレート・ガバナンスが機能していたことです（Hoshi and Kashyap 2001）。昭和恐慌期のさなか、様々な企業で経営者交代がなされました。配当が低水準な企業ほど経営者交代が進んでいたのです（宮島 1995）。コーポレート・ガバナンスにおいて株主の存在は重要でした。なかでも、三井・三菱・住友・安田といった典型的な財閥のみならず、日産や日窒など植民地を拠点に重化学工業を推し進めた新興の財閥の持株会社は、経営の規律づけに積極的な株主の典型とも言えます。不健全経営に陥った企業を買収してプロジェクト再生することで、財閥は多数の事業を展開します（岡崎 1999）。資本市場におけるM&Aという点で高橋財政下の景気回復過程は財閥のピークとも言える局面でした。

金本位制離脱という点で、景気回復は高橋是清の英断によるところは大きいものです。一方、資本市場を軸とする企業成長が実現していた点で、むしろマーケットの機能を通じて達成された側面もまた大きいのです。

もっとも、その資本市場も大きく変質します。1933年の担保付社債信託法改正は重要な変化を与えました。同法の改正は社債市場において有担保原則が確立するきっかけにもなりました。この原則は、金解禁によるデフレショックに対する措置として、投資家保護の観点から世論で支持されたものでした。一方で、担保が確保されることで企業情報の公開に対する投資家の要望が弱まることになりました（寺西 2011）。

デフレ対策の惰性として有担保原則が確立したことは、資本市場参加者に対して情報収集のインセンティブを弱めます。市場メカニズムに対する絶大な信頼を寄せていた井上の経済政策は、金解禁失敗による市場メカニズムへの信頼が失墜した側面のみならず、資本市場における投資家の情報

5　金融政策については原田・佐藤（2012）のようにその効果を強調する声もあります。政策の因果や効果のみならずその具体的なプロセスの解明も含めて、詳細な分析あるいは議論が今後の研究に期待されてくるところです。
6　日銀引受とは、国債発行の際に日銀にこれを購入させて、通貨量を増大しつつ、財政支出を拡大するという政策です。財政運営の規律がなくなる危険性をはらんだ政策であり、現在の財政法第5条では禁止されています。

収集という側面においても、マーケットの進化にブレーキをかけたのです。

官僚主導体制の確立、そして企業システムの変化[7]

1936(昭和11)年、2・26事件で高橋是清は凶弾に倒れます。日本経済は戦時統制の局面へと移行します。政府の監督権限の強化は、すでに1934(昭和9)年の石油業法や1936(昭和11)年の自動車製造事業法等によって見られた動きでした。日中戦争が勃発すると、満州国で生産力拡充のための統制経済の実験を経験したメンバーが帰国します。彼らは南満州鉄道株式会社を拠点に「満州産業開発五カ年計画」を実行した経験を活かし、大蔵省・商工省・企画院の官僚として経済統制に乗り出します(小林 1995;小林 2012)。

1938(昭和13)年4月に国家総動員法が制定されます。これにより、あらゆる経済活動に対する政府の介入および勅令が発されるようになります。なかでも、学校卒業者使用制限令、国民職業能力申告令、従業者雇入制限令、工場就業時間制限令、あるいは賃金統制令等、労務動員関係に関する勅令が多く発されました。企画院が作成した「生産力拡充計画」を実施するものとして物資動員計画が策定され、これをサポートするように労務動員計画および資金統制計画が策定、実行されます。1939(昭和14)年、会社利益配当及資金融通令により配当が統制され株主の権限が弱められます。

1940(昭和15)年9月、第2次近衛文麿内閣は、「利潤追求を第一義とする資本の支配より離脱」することをスローガンとして掲げる「経済新体制」樹立要綱を提案します（岡崎 1993）。当初の案が財界人から猛反発を受けたため、12月の修正案が承認されることになります。ただしその内容は、大企業のみならず中小企業も含めて統制強化の方針を打ち出したものでした。物資動員計画の時点では価格によるインセンティブに配慮があったものの、経済新体制では戦争遂行が第一義とされて命令を通じて数量ノルマを実行する体制に改編されたのです。また、労働者は大日本産業報国会に加入することになり、経営に対する発言権を強めていきます。

1945（昭和20）年、敗戦により日本はGHQ主導のもと占領軍の統治下に入ります。戦後改革のもとでも戦時統制期に創出された官僚主導の体制あるいは企業システムが引き継がれることになります。戦中に統制経済を実行した官僚の多くが、業界団体を媒介としながら、官僚主導の産業政策を遂行していきます（米倉 1993；小林 1995；小林 2012）。

企業システムについては、株主の弱体化あるいは経営者・従業員の発言力強化という変化に拍車がかかるとともに、資金提供者として銀行が発言力を強くする仕組みが整えられます（岡崎 1993；宮島 1995；奥野・堀 1996；Hoshi and Kashyap 2001；寺西 2003）。ことに1964（昭和39）年の資本の自由化を前後して株式持ち合いが進みました。日本企業は上場しなが

7　とくに断りのない限り、原（1989）、石井（1991）、奥野・堀（1996）を参照。

らも買収圧力を回避できるようになります（浅井 1992）。

戦時統制から戦後改革を経て、政策レベルにおいて、市場や民間に任せる経済よりも計画重視の経済が優位であるとする考え方が強まります[8]。それと同時に、企業システムの主体は資本市場参加者ではなく銀行に移ります。不特定多数の投資家が情報収集活動をもとに企業をオークション評価する仕組みから、情報収集の専門組織が長期的視野からプロジェクトをサポートする仕組みへと取って代わられるのです。

参考文献

浅井良夫（1992）「Ⅷ資本自由化と国際化への対応」中村政則編『日本の近代化と資本主義――国際化と地域』東京大学出版会
飯田泰之・岡田靖（2004）「第6章 昭和恐慌と予想インフレ率の推計」岩田規久男編『昭和恐慌の研究』東洋経済新報社
石井寛治（1991）『日本経済史 第2版』東京大学出版会
石橋湛山（1929）「金解禁の影響と対策」石橋湛山全集編纂委員会『石橋湛山全集第六巻』東洋経済新報社
石見徹（1995）『国際通貨・金融システムの歴史――1870〜1990』有斐閣
梅田雅信（2006）「1930年代前半における日本のデフレ脱却の背景：為替レート政策、金融政策、財政政策」『金融研究』第25巻第1号
大川一司・高松信清・山本有造（1974）大川一司・篠原三代平・梅村又次編『長期経済統計1――推計と分析 国民所得』東洋経済新報社
岡崎哲二（1993）「第4章 企業システム」岡崎哲二・奥野（藤原）正寛編『シリーズ現代経済研究6 現代日本

経済システムの源流』日本経済新聞社
岡崎哲二（1999）『持株会社の歴史――財閥と企業統治』ちくま新書
奥野（藤原）正寛・堀宣昭（1996）「第12章　現代日本経済システムの歴史的生成」青木昌彦・奥野（藤原）正寛編著『経済システムの比較制度分析』東京大学出版会
尾高煌之助（1969）「戦前における労働需給バランス指標の作成について」『一橋論叢』第62巻第2号、117～136ページ
加瀬和俊（2011）『歴史文化ライブラリー328　失業と救済の近代史』吉川弘文館
橘川武郎（1995）『日本の電力業の発展と松永安左ヱ門』名古屋大学出版会
小林英夫（1995）『「日本株式会社」を創った男――宮崎正義の生涯』小学館
小林英夫（2012）『満鉄が生んだ日本型経済システム』教育評論社
小宮隆太郎（1999）『日本の産業・貿易の経済分析』東洋経済新報社
鎮目雅人（2009）『世界恐慌と経済政策――「開放小国」日本の経験と現代』日本経済新聞出版社
島謹三（1983）「いわゆる高橋財政について」『金融研究』第2巻第2号
高橋亀吉（1977）『日本の企業・経営者発達史』東洋経済新報社
高橋亀吉・森垣淑（1993）『昭和金融恐慌史』講談社学術文庫
武田晴人（2002）「第1章　景気循環と経済政策」石井寛治・原朗・武田晴人編『日本経済史3　両大戦間期』東京大学出版会
長幸男（2001）『昭和恐慌――日本ファシズム前夜』岩波現代文書
寺西重郎（2003）『日本の経済システム』岩波書店
寺西重郎（2011）『戦前期日本の金融システム』岩波書店

8　たとえば通商産業省においてはこのような考え方が濃厚ではあったのですが、その一方で、戦後実際に実行された産業政策もまた市場メカニズムを通じたインセンティブが活用されていたとする指摘もあります（小宮1999）。

富永憲生（1986）「1932〜36年の日本経済――高度成長過程の分析」原朗編『近代日本の経済と政治』山川出版社
中村政則（1988）『文庫判　昭和の歴史第2巻　昭和の恐慌』小学館
中村宗悦（2004）「第3章　金解禁をめぐる新聞メディアの論調」岩田規久男編著『昭和恐慌の研究』東洋経済新報社
西川俊作・腰原久雄（1981）「1935年の投入産出表――その推計と含意」中村隆英編『戦間期の日本経済分析』山川出版社
日本銀行調査局（1969）『日本金融史資料　昭和編第二十三巻』大蔵省印刷局
日本銀行調査局特別調査室（1948）『満州事変以後の財政金融史』
野口旭・若田部昌澄（2004）「第1章　国際金本位制の足かせ」岩田規久男編『昭和恐慌の研究』東洋経済新報社
原朗（1989）「2　戦時統制」中村隆英編『日本経済史7　「計画化」と「民主化」』岩波書店
原田泰・佐藤綾野（2012）『昭和恐慌と金融政策』日本評論社
南亮進（1965）大川一司・篠原三代平・梅村又次編『長期経済統計12――推計と分析　鉄道と電力』東洋経済新報社
宮島英昭（1995）「専門経営者の制覇」山崎広明・橘川武郎編『日本経営史4「日本的」経営の連続と断絶』岩波書店
三和良一（2003）『戦間期日本の経済政策史的研究』東京大学出版会
谷沢弘毅（2001）「戦間期日本における就業分類概念の形成過程――東京圏の事例」『大原社会問題研究所雑誌』No.509, 1〜15ページ
山澤逸平・山本有造（1979）大川一司・篠原三代平・梅村又次編『長期経済統計14――推計と分析　貿易と国際収支』東洋経済新報社
米倉誠一郎（1993）「第6章　業界団体の機能」岡崎哲二、奥野（藤原）正寛編『シリーズ現代経済研究6　現代日本経済システムの源流』日本経済新聞社

若田部昌澄（２００４）「第２章　「失われた13年」の経済政策論争」岩田規久男編『昭和恐慌の研究』東洋経済新報社

Bloomfield, Arthur I.（1959）*Monetary Policy under the International Gold Standard: 1880–1914*, Arono Press.

Cameron, Rondo and Larry Neal（2003）*A Concise Economic History of the World: From Paleolithic Times to the Present, Fourth Edition*, Oxford University Press.

Cha, Myung Soo（2003）“Did Takahashi Korekiyo Rescue Japan from the Great Depression?,” *The Journal of Economic History*, 63(1), pp.127–144.

Drummond, Ian M.（1987）*The Gold Standard and the International Monetary System 1900–1939*, Palgrave Macmillan.

Eichengreen, Barry and Peter Temin（2000）“The Gold Standard and the Great Depression,” *Contemporary European History*, 9, pp.183–207.

Hoshi, Takeo and Anil Kashyap（2001）*Corporate Financing and Governance in Japan: Road to the Future*, MIT Press.

Keynes, John M.（1923）*A Tract on Monetary Reform, in the Collected Writings of John Maynard Keynes IX.*, Macmillan Press.

McKinnon, Ronald I.（1993）“The Rules of the Game: International Money in Histrical Perspective,” *Journal of Economic Literature*, 31, pp.1–44.

Nanto, Dick K. and Shinji Takagi（1985）“Korekiyo Takahashi and Japan's Recovery from the Great Depression,” *American Economic Review*, 75(3), pp.369–374.

Okura, Masanori and Juro Teranishi（1994）“Exchange Rate and Economic Recovery of Japan in the 1930s,” *Hitotsubashi Journal of Economics*, 35, pp.1–22.

Smethurst, Richard J.（2009）*From Foot Soldier to Finance Minister: Takahashi Korekiyo, Japan's Keynes*, Harvest East Asian Monographs 292, Harvard University Press.（リチャード・J・スメサースト（２０１０）『高橋是清――日本のケインズその生涯と思想』鎮目雅人・早川大介・大貫摩里訳、東洋経済新報社）

第8章

面積と土地制度

律令政府と徳川政権は、ともに農業を中心とした時代において全国を支配した政権です。土地税を課す、あるいはそのために土地の面積を把握することは双方の支配システムにとって非常に重要な要素でした。律令政府は、目安となる広さの正方形の土地を並べることで面積を把握できる区画整備を採用していました。この区画整備の構想を条里プランといいます。かけ算九九を用いた基礎的な計算力さえあれば面積が計算できたのです。徳川政権は、土地の権利関係や耕作すべき面積を把握するために検地を行いました。検地に際しては、複雑な土地の地形の面積も計算しやすいようにマニュアルが用いられました。その際に大名側ではなく村落民の側が面積を測量していたのです。複雑な地形の田地の面積を測量できるほどに村落民は高い計算力を備えていました。徳川政権は、この計算力の高さにサポートされながら日本を支配していたのです。

1　律令政府の条里プラン

かけ算九九

筆者の娘は小学校2年生です。かけ算九九を算数の時間に習うらしく、九九の暗唱にチャレンジしています。まもなく5歳になる息子も、一の段だけは一緒に口ずさめるようです。

娘はオセロ（もしくはリバーシ）が好きです。オセロは、タテヨコに8マス、合計64マスの盤面を用いる2人で対戦するボードゲームです。油断していると筆者は負けます。

ゲームが終わったら、同じ色の石をマスに並べて石が何個あるのかを数えさせてみたりもします。かけ算九九を覚えてもらおうと思ってあえて計算しやすいように並べても、娘は丁寧に1つずつ数えようとしていました。

「ヨコに3マス、タテに4マス並んでるだろ、だから『さんし』…」

「じゅう、じゅうし？　あ！　じゅうご！」

こういったことを繰り返していくうちに、その都度その都度で足し算を繰り返すくらいならかけ算九九を覚えておく方が得だ、ということに気がついてくれるといいのですが。

子どもが九九を口ずさむ、こんな光景がいつの時代にまで遡ることができるのかというと、遅くとも10世紀後半ではないかと考えられます。

970（天禄元）年、源 為憲《みなもとのためのり》という文学者が『口遊《くちずさみ》』という書を編みました。これは、覚えておくと便利な様々な事項を口ずさみながら習得させるという試みの本です。源為憲が、参議の地位にあった藤原為光の子、松雄君（当時7歳、のちの藤原誠信）の「口ずさみ」のために編纂しました。複写本しか現存しませんが、1263（弘長3）年に模写されたものが重要文化財とされました[1]。

図表8-1は、1807（文化4）年に復刻された『口遊』のうち、九九を示した箇所です。ここに記されている九九は、「九九八十一、八九七十二、七九六十三…」という順番で始まっています。九の段から始まるのです。しかも、かけられる数が徐々に減るような順番となっています。九の段の次は八の段ですが、すでに登場している「八九七十二」との重複がありません。「八々六十四、七八五十六…」としてやはりかけられる数が減っていくのです。次は七の段が「七々四十九」からスタートします。このように進めると、二の段は「二々四、一二二」、そして最後に「一々一」のみの一の段で締めくくられます。

暗唱するかけ算の数は81個ではなく45個ということになります。これが、10世紀後半の7歳児向けのテキストに収録されていたのです。

7世紀後半から8世紀後半にかけての歌を集めた『万葉集』には、次のような歌があります。

「若草乃《ワカクサノ》　新手《ニヒタ》枕乎《マクラヲ》　巻始而《マキソメテ》　夜哉将間《ヨヲヤヘダテム》　二八十一不在國《ニクアラナクニ》」

「若草の　新手枕をまきそめて　夜をや隔てむ　憎くあらなくに」（巻第十一　二五四二[2]）。

図表8-1　1807（文化４）年刊『大須本摸刻口遊』より、九九

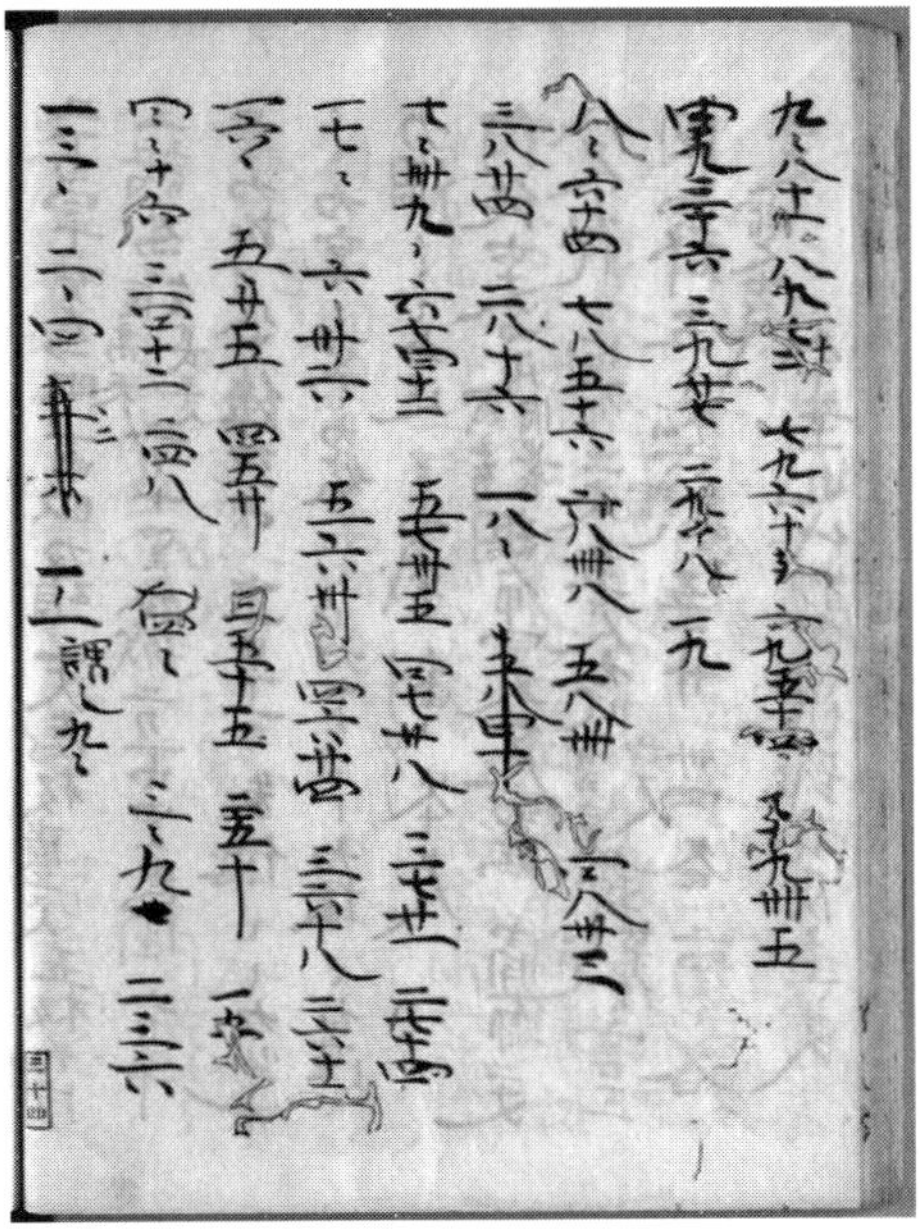

出所）国立国会図書館ウェブサイト

これは、新婚夫婦の腕枕を題材にした大人向けの歌です。原文で「二八十一不在國」と記された箇所は「憎くあらなくに」と読めるのです。すなわち、かけ算九九にもじって「八十一」を「クク」と読ませているのです。8世紀頃の人々にも九九が共通の知識とされていたことになります（藤原 1952）。

図表8-2は2010年平城京跡から出土した木簡の画像です。この木簡は当時の官僚が九九を

1　これは、愛知県名古屋市の大須観音（北野山真福寺宝生院）で真福寺文庫の1つとして所蔵されています。

2　澤潟（1962、266~267ページ）、佐竹ほか（2014、284~285ページ）、および佐佐木（1927、21ページ）を参照。

図表8-2　平城京跡から出土した木簡

出所）奈良文化財研究所

手書きしたもので、右側、下の部分は「一九如九《いんくはくのごとし》」と読めます（奈良文化財研究所　2010）。この「如」という漢字の使い方は中国の数学書が使っていた表記法です。そのため、かけ算九九が中国から伝来したものであることがあらためて確認できたのです。

条里プラン

第1章で説明したように、律令政府は、地方財源として土地税である租を、中央の財源として人頭税である庸・調・雑徭を課しました。これにより中央と地方とによる交易雑物の制が成立していました。資源配分システムを機能させる上で、土地の面積の測定は律令政府の役人にとって必須のスキルでした。

律令政府は、かけ算九九ができる程度の計算力さえ備えていれば面積が把握しやすくなる土地区画整備を築き上げます。それが条里プランです。かけ算九九ができる程度の計算力を備えた人的資本と条里プランに基づく区画整備を備えることで、律令政府は土地を支配することができたのです。

条里プランでは、人が1年間で食べる量の米が穫れる田地の広さが単位の目安とされました。この目安となる広さを示す正方形の土地を設定します。正方形をまるでボードゲームの盤面のようにタテヨコに並べるのです。すなわち、碁盤目状もしくは格子状に土地の区画整備が行われるのです。

人々がどの程度の土地を耕しているのか、あるいは村落にどの程度の土地があるのか、そういった土地の面積を正方形の個数を基準として把握できるようにしたのです。これは、かけ算九九が暗唱できる程度の計算力があれば誰もが土地の面積を把握できるようにするための工夫と言えます。

「目安となる土地の広さ」について、『日本書紀』には、律令政府が樹立する以前から「代《しろ》」という面積単位が使われていたことが記されています。武藤（2012）は、平安時代の法制ハンドブック『政事要略』、さらには『万葉集』を頼りに、1人が1年間食べるのに必要な米の量が収穫できる田の面積が50代（稲50束、今の100升分）に相当すると推察しています。

律令政府もまた、特定量の米が収穫できる広さを土地の面積の単位に採用します。9世紀後半に編纂された『令集解《りょうしゅうのげ》』という律令政府の行政法の注釈書があります。そのなかに「田長卅歩。廣十二歩為段。即段積三百六十歩」という記述があります（黒板2000、345ページ）。「田は長さ30歩広さ12歩を段とし、その面積を360歩とする」ということです。

1段（360歩）は、1人1年分のお米の量が獲れる面積とされます（落合・松崎1993）。10段分を1町（3600歩）とします。1町の正方形があると、その1辺の長さは60歩となります。

1歩は左右の足をそれぞれ1度ずつ出して歩ける距離（約1・8メートル）です。60歩は約109メートルですから、109メートル四方の正方形が1段に相当します。

律令政府は、人民に対し、身分・年齢・性別に応じて土地を付与します。律令政府が土地を支給する仕組みのことを、班田制あるいは班田収授の制といいます。

多くの場合、人民の身分は良民です。良民には口分田という名目で土地が支給されました。6歳以上の良民男子であれば2段、女性にはその$\frac{2}{3}$である1段120歩が6年ごとに支給されます。班田は6年ごとに作成される戸籍をもとに実施されます。ほぼ全員、最初の戸籍登載時に満6歳未満、2度目で満6歳以上となることから、2回目の戸籍登録をもって班田開始、となります（小口2002）。死亡した場合には与えられた口分田はすべて律令政府に収公されます。

死者の口分田を収公し、土地を班給するという作業は、多大なコストがかかります。同一家族内の口分田が班田収授を繰り返すごとに散在してしまうようになると役人にとっても人民にとっても収拾のつかないことになります。その際に基準となる土地が正方形で付与できるのであれば、班田制を運営するコストは大幅に節約できます。

たとえば良民の夫婦に6歳以上の子どもが男女2人ずつ暮らしているという家族の場合、6年ごとに10段つまり1町の土地が班給されます。1町、すなわち109メートル四方の正方形1つ分の土地を与えればよいということになります。この正方形を「坪」といいます（ただし現在用いられている「坪」とは異なります[3]）。

坪の境界は土で盛り上げられ、これにより格子状の区画が整備されます。この坪をタテに6個ヨコに6個並べた36個分の正方形を里とします。当時はヨコ方向に右側から一条、二条とナンバリングし、タテ方向で一里、二里と呼ぶ土地区画が創案されたのです（図表8-3）。

図表8-3　条里プラン

三条一里	二条一里	一条一里
三条二里	二条二里	一条二里

出所）落合（1985）および水野（1971）をもとに作成

条里プランの土地区画は現在でも各地に遺構があります。ただし、里に相当する区画は遺《のこ》されていません（吉田 1983）。町あるいは段に相当する区画の遺構が各地で確認できます。格子状の地割として衛星写真で把握することも可能です（あまりに直線的な格子状ならば後世に手が加えられた可能性はあります）。なお、遺構であれば、「条（條）」あるいは「坪」などの字が地名に残されていることがあります（落合 1985）。

図8-4は岐阜県本巣市の衛星写真です。岐阜県本巣市あるいは本巣郡は、いたるところに格子

3　現在用いられている「坪」は徳川期以降のものです。1892（明治24）年制定の度量衡法により約3・3平方メートルと定められました。これは1人1日分の米が獲れる広さとみなされています（落合・松崎 1993）。

図表8-4　岐阜県本巣市の衛星写真

出所）Google, Spot Image, Digital Earth Technology, Digital Globe

状の地形を確認することができます。本巣郡にかつて属していた地域として岐阜県瑞穂市には十八条という地名も残されています。これはまさに条里プランにおける条の呼称を伝承したものです（水野 1971）。さらに岐阜県本巣郡には「北方町高屋条里」という地名があります。

　本巣郡では、715（霊亀元）年の席田《むしろた》郡設置に前後して条里プランが進められました（岐阜県教育会 1923；岐阜県 1971）。全国的にも、これと前後した時期に条里プランが推進されたものと考えられます（水野 1971；吉田 1983）。こうして、729（天平元）年から班田収授の制が本格的にスタートします（小口 2002）。

　律令政府は、土地の支配システムをさら

に強化します。743（天平15）年、墾田永年私財法が制定されます。身分に応じた限度内において国司の恣意的収公から保護するものとして墾田つまり土地の開墾が奨励されたのです。

墾田永年私財法には「但人為開田占地者。先就国有司申請。然後開之」という文言があります。[4] 意訳すると、「土地を開墾して占有しようとする者は、まず律令政府に申請手続きをとり、その後に開墾しなさい」となります。手続きを経て開墾した土地は輸租田、つまり租税対象の土地とされます。つまり私有地も管理下におくことが明文化されたのです（吉田 1983）。

第1章で説明したことですが、班田を実施しつつも人頭税を課すことは、やがて困難となります。そのために、人頭税の賦課を改めて、土地税を中心とする税制へとシフトしたのです。そういった律令政府の土地の支配にとって、条里プランは実に有用だったのです。

正方形の面積把握を基準としたその区画整備は、律令制が形骸化して荘園制に移行してもなお、土地支配の基本とされました（水野 2002；鷺森 2005）。各々の荘園領主は荘園絵図と呼ばれる地図の作成を通じて荘園内の村落の様子を把握します。ただし、時代が経つにつれて山河や寺社・民家を写実的に描写するようになります。[5] そのために、条里プランによる格子状の土地区画の存在意義は徐々に薄れることになりました。

4　前田育徳会尊経閣文庫（2006、98～99ページ）を参照。

2　徳川政権の検地

検地と石高制[6]

1582（天正10）年、豊臣秀吉が明智光秀を討ちます。その後、彼は土地をめぐる権利関係を確認する事業を実施します。これが太閤検地です。第3章でも説明しましたが、検地というのは土地の面積の測量と名義上の租税負担者を確定する事業です。

当時は未墾の土地などもありました。どの土地を誰が持っているかということよりも、課税対象にできる土地がどれほどあるのかを全国レベルで確認する必要が秀吉にはありました。太閤検地により、村落にどれだけの田畑あるいは生産力があるのかが全国的に記録されることになりました。田畑の面積と石高ならびに耕作者（租税負担者）が検地帳に記載されます。

石高というのは石を単位として表示された生産力のことです。土地の生産力について役人が評価した上で、面積に一定の係数をかけて生産力に換算します。このときの単位が石です。米1石は1人が1年間に食べる量です。村落民の年貢負担や大名の軍役負担が石高を通じて把握されます。こうして太閤検地を通じて石高制が成立します。この石高制が、徳川政権における資源配分システムの基礎となりました。

石高を決定するには面積と田畑の生産量を把握しなくてはなりません。まずは面積です。戦国時代、律令制以来の度量衡単位を基礎としていたものの、度量衡は全国で統一されていませんでした。秀吉は度量衡を統一します。六尺三寸（＝1間＝約1メートル92センチ）の検地竿を用いて、1間四方を1歩、30歩を1畝、10畝を1段、そして10段を1町としました。1人1年分の量の米が穫れる面積であった1段は360歩ではなく300歩とされました。

面積の次は収穫量の把握です。米の収穫量を測定する器具として、太閤検地においては京枡と呼ばれる枡が統一枡として用いられました。京枡の容積は、約14・8485センチ四方、深さ8・18センチです。10枡が1斗、10斗が1石です。1人が1年間に食べる量が京枡100杯分とされ、これを単位として収穫量を見積もるのです。

こうして段あたりの生産量を見積もることができます。この段あたりの見積もりの生産量を石盛《こくもり》（斗代《とだい》）といいます。もともと段という単位は、1人1年分、つまり1石分の米が穫れるだけの面積を基準にしていました。しかしながら生産力の高い田地においては1段につき1石を上回る米が収穫されます。もちろん下回る土地もあります。そこで田畑を大きく分けて3つ、上・中・下にランク分けします。上田1石5斗、中田1石3斗、そして下田1石1斗として、対象となる田地がど

5 詳細は織田（1974）あるいは藤田（2009）などを参照。
6 検地ことに太閤検地の歴史的意義については、安良城（1964）の問題提起により論争が生じ、様々な議論が提起されています。ここではとくに断りのない限り、宮川（1999）あるいは速水（2009）の整理を参照していま

れに該当するのかを役人が判断して記録するのです。

年貢率はそれぞれのランクごとに定められました。ここで、徳川政権初期においては役人の裁量に委ねて実収量に応じて徴収するという方法がとられていました。これを検見取法《けんみどりほう》といいます。ただし、享保の改革を通じて、豊凶に関わりなく過去の実収量から徴収量を一定とする定免法《じょうめんほう》にシフトしていきます。[7]

検地における面積測定

検地でどのように面積を把握していたのか、この点で興味深い史料があります。1707（宝永4）年頃に加賀国石川郡の庄屋、北村与右衛門良忠が著した『耕稼春秋《こうかしゅんじゅう》』という農書が、興味深い内容を伝えています。この農書には土地の測量方法についても説明があります。

図表8-5は村絵図を示しています。村絵図は村落と田畑の便宜的なスケッチのことです。これにより、田畑の位置関係や形状をわかりやすく把握することができます。検地の際には村域を表す多角形の角となる場所に目印の竹を次々と立てておき、竹と竹を結んで田畑の境界線をたどるように縄を張るのです。竹と竹との距離や角度を測量しながら村絵図を作成し、田畑の位置関係を記録していくのです。

田畑の形状は18種類にパターン化されました（円田、方田、直田、斜田、弧田、三斜田、勾股田、二斜併田、圭田、直減勾股田、異形直田、圭併三斜田、梯田、梭田、三斜併田、二斜併三斜田、異

図表8-5　村絵図（『耕稼春秋』巻之六）

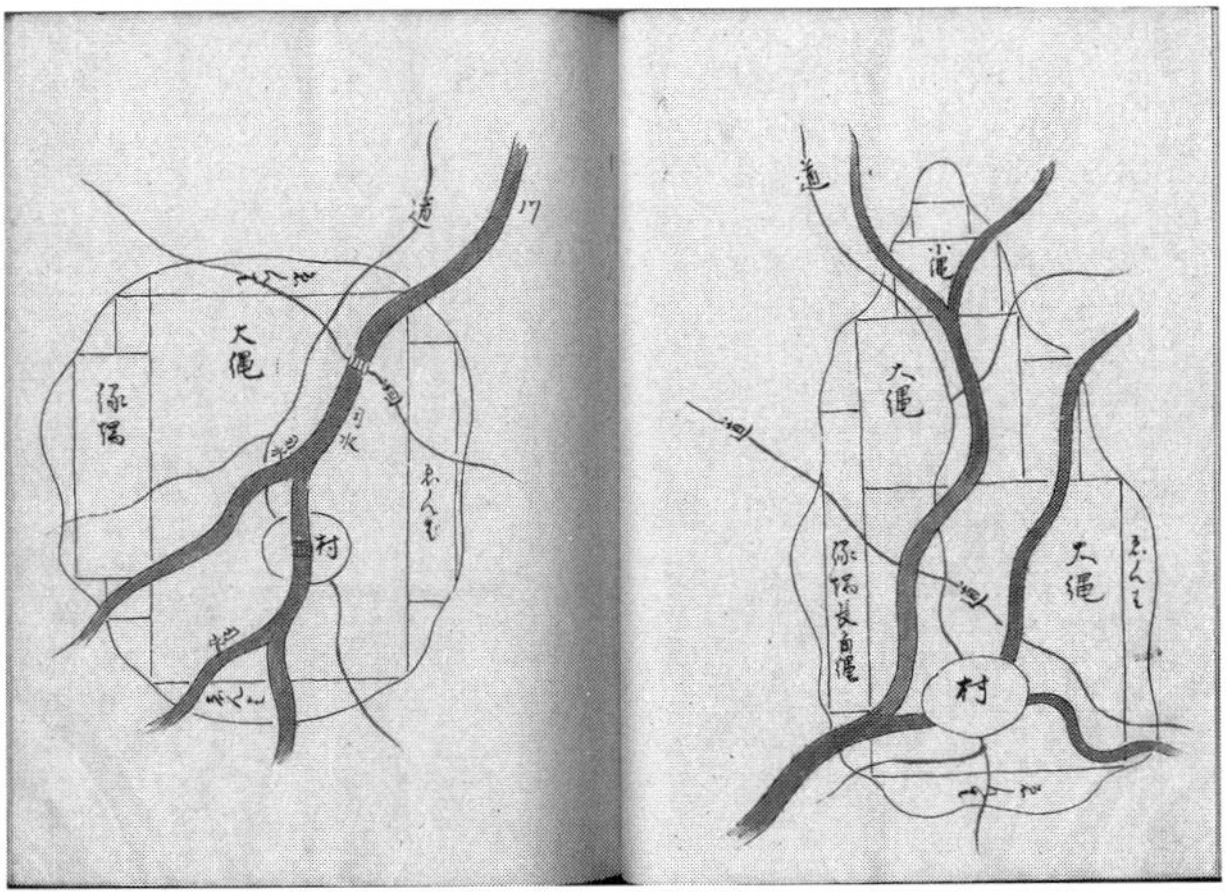

出所）石川県立図書館所蔵

形二斜併田、および直併二覆田）。たとえば、斜田は台形、あるいは勾股田は直角三角形のことです（図表8-6）。

これら18種類の土地の面積を求める方法がマニュアル化されていました（図表8-7）。各々の田畑の形状をこれら18種類のどれかとみなして近似させる、さもなくば、いずれかの組み合わせとみなすことで面積を導出できるのです。このような土地測量方法は「廻り分間法」と呼ばれました。

廻り分間法に関して、読者の皆さんのなかには、「円田」および「弧田」の面積を導出できることに注目する方もいらっしゃるかも

7　検見取法は役人の裁量に委ねていましたので、村落の側としては接待もしくは交渉のコストを負担しなくてはなりません。賄賂も相当程度に横行していたものと考えられます。定免法へのシフトには、村落秩序を維持する上で不必要なコストを削減するメリットが見出されます（有本 2006）。

図表8-6　田地の形状の基本パターン（『耕稼春秋』巻之六）

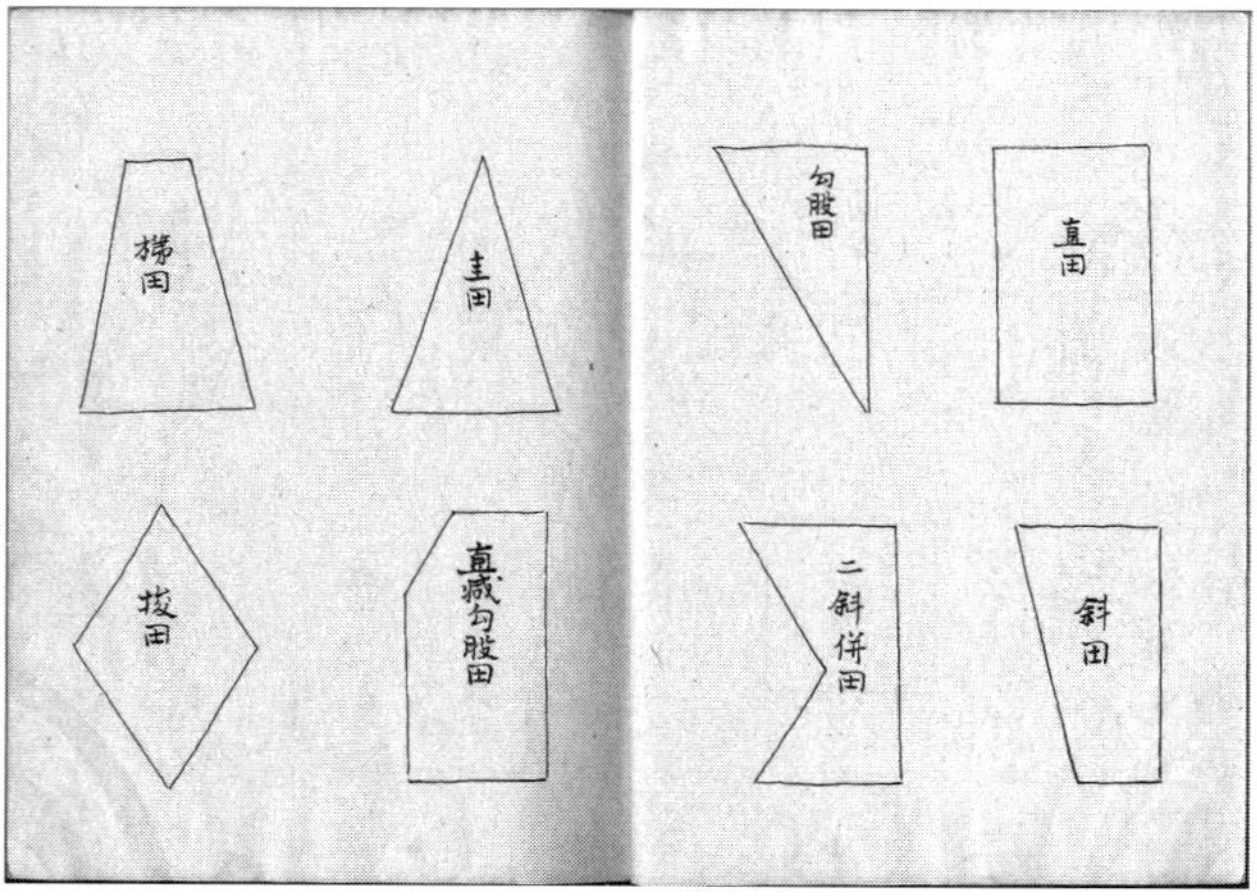

出所）石川県立図書館所蔵

しれません。円あるいは扇形の面積を求めるには円周率が必要です。検地においては円周率の近似値として徳川政権成立期には3・16、さらに時代が経つと3・1416が用いられました[8]（安富 2009）。

廻り分間法について、興味深い指摘があります。実際に測量と計算にあたったのは大名側ではなく村落側であり、村落民による測量結果が役人に提出されていたのです（田上 1993）。台形や三角形のみならず円や扇形の面積を測量・計算するという作業を村落民が担っていたことになります。

検地帳は大名側も所持しますが、名主（庄屋）の手元にも残されます。土地の権利関係について、村落を支配する大名側と村落のリーダー的存在とで情報を共有しておくのです。村落民の土地に関する権利は大名側の検地帳

図表8-7　面積計算マニュアル（『耕稼春秋』巻之六）

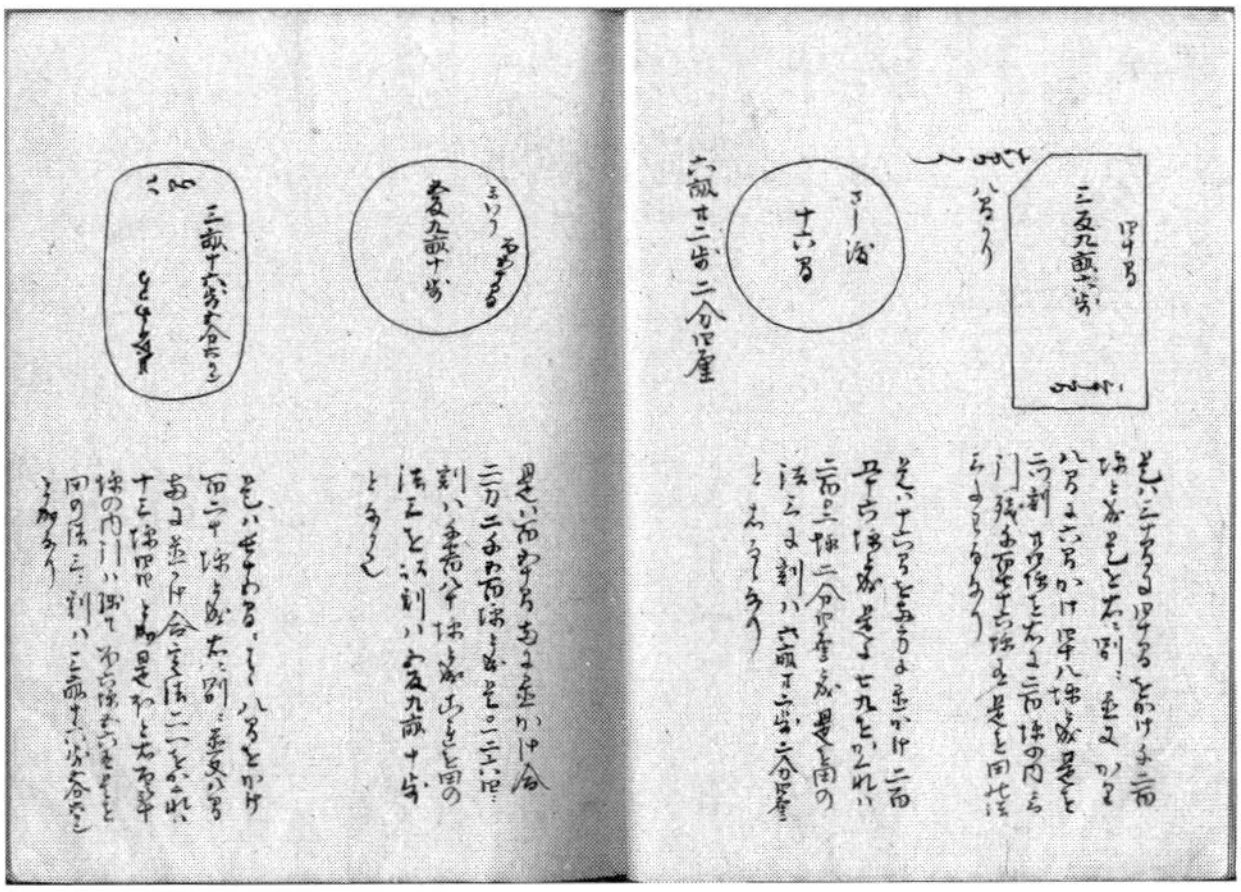

出所）石川県立図書館所蔵

に明記されているかどうかが重視されるようになります。土地に関する取引を行う際には証文を作成する必要がありましたが、その際に事実上の所有権を誰が持つかは大名側の検地帳が優先されました。ただし、そういった土地の取引を通じて所持者が変更した場合には村落側の検地帳が上書きされます（渡辺2002）。

　言うなれば、村落側の検地帳は土地の権利関係について常に最新情報に更新されていたわけです。大名側の検地帳がアップデートされるのは次の検地のとき、ということになります。

　徳川政権は、民事訴訟については内済によ

8　徳川時代の和算家関孝和（1640?-1708?）は円に内接する正十七角形までの多角形の性質を用いて355/113（=3.14159295）という近似値を得ています。なお松永良弼《よしすけ》（1692?-1744）は円周率を無限級数で求める公式を用いて50桁まで正しく導出しています（深川・ロスマン 2010）。

る解決を優先していました（小早川 1957：大平 2013）。内済とは、当事者もしくは当事者等の属する共同体内での調停に委託することです。とりわけ土地を担保とした金銭貸借のトラブルは、村落秩序の維持に影響を与えかねない案件となります。当事者同士が納得できる解決手段を講じる必要があります。この点で、土地に関して情報優位の立場にあった村落側に調停役が委ねられたことは、理にかなったものと言えます。

村落民は計算能力の高さに裏打ちされるかたちで詳細な情報を蓄積することができました。徳川政権の村落支配は、村落民の計算能力と情報処理能力にサポートされていた側面があるのです。1873（明治6）年の地租改正に際して、維新政府はどのような測量方法を用いるのかについては各村落の裁量に委ねていました。そのため村落民がリードをとって測量する廻り分間法が各地で継承されました（田上 1996）。徳川政権の支配システムを明治政府のそれへと転換する一大プロジェクトにおいても、徳川政権下で培われた村落民の計算力の高さが活用されていたのです。

参考文献

安良城盛昭（1964）『増補版 幕藩体制社会の成立と構造』御茶の水書房
有本寛（2006）「開発経済学から見た自治村落論」『農業史研究』第40巻、89～96ページ
大平祐一（2013）『近世日本の訴訟と法』創文社
小口雅史（2002）「I 古代 2章 国家的土地所有の成立と展開」渡辺尚志・五味文彦編『新体系日本史3 土地所有史』山川出版社

織田武雄（1974）『地図の歴史　日本篇』講談社新書
落合重信（1985）「第2章　古代地方史研究　4　条里制の遺構」地方史研究協議会編『新版　地方史研究必携』岩波書店
落合大海・松崎重広（1993）『おもしろ日本史入門3　税金でさぐる日本史――算数むかし話』国土社
岐阜県（1971）『岐阜県史　通史編　古代』
岐阜県教育会編（1923）三宅米吉校閲『濃飛両国通史　上巻』
黒板勝美編（2000）『新訂増補　国史大系第23巻　令集解前篇』吉川弘文館
小早川欽吾（1957）『近世民事訴訟制度の研究』有斐閣
鷺森浩幸（2005）「Ⅲ　生産・管理と文字　1　土地支配」平川南・沖森卓也・栄原永遠男・山中章編『文字と古代日本3　流通と文字』吉川弘文館
佐佐木信綱編（1927）『新訂　新訓万葉集下巻』岩波文庫
佐竹昭広・山田英雄・工藤力男・大谷雅夫・山崎福之校注（2014）『万葉集（三）［全5冊］』岩波文庫
澤潟久孝（1962）『萬葉集注解　巻第十二』中央公論社
田上繁（1993）「前田領における検地の性格について」『史学雑誌』第102編第10号、1798～1912～1913ページ
田上繁（1996）「地租改正における土地測量の技術的前提――『耕稼春秋』の測量図を中心にして」『商経論叢』32巻1号、177～198ページ
奈良文化財研究所（2010）『平城宮発掘調査出土木簡概報（四十）』http://hdl.handle.net/11177/1603（2015年9月11日閲覧）
速水融（2009）『近世初期の検地と農民』知泉書館
深川英俊・トニー ロスマン（2010）『聖なる数学　算額――世界が注目する江戸文化としての和算』森北出版
藤田裕嗣（2009）『日本史リブレット76　荘園絵図が語る古代・中世』山川出版社
藤原松三郎（1952）『日本数学史要』寶文館（藤原松三郎著、川原秀城解説『日本数学史要』勉誠出版、2007年）

前田育徳会尊経閣文庫編（２００６）『類従三代格　三　巻十二上〜巻十八』八木書店
水野時二（１９７１）『条里制の歴史地理学的研究――尾張・美濃・越前を中心として』大明堂
水野柳太郎（２００２）『日本古代の食封と出挙』吉川弘文館
宮川満（１９９９）『宮川満著作集　増補改訂５　太閤検地論第２部　太閤検地の基礎的研究』第一書房
武藤徹（２０１２）『面積の発見』岩波科学ライブラリー２００、岩波書店
安富有恒（２００９）「２　生活数学としての和算　２・２・３　土地の測量」佐藤健一監修、山司勝紀・西田知己編『和算の事典』朝倉書店
吉田孝（１９８３）『律令国家と古代の社会』岩波書店
渡辺尚志（２００２）「Ⅲ　近世　序章　近世的土地所有の特質」渡辺尚志・五味文彦編『新体系日本史３　土地所有史』山川出版社

第9章

交通のイノベーション

律令政府は指令に基づく資源配分を実現するために道を設けました。人頭税を徴収する際に人々に物資を都まで運ぶ労役（運脚）を課しました。運脚においては1日16キロメートルのペースで移動することが要請されていました。律令政府は情報伝達のための仕組みとして駅を設けます。役人は駅で馬を徴発して情報伝達の担い手となりました。

駅はやがて民間の運営する宿にとってかわられます。室町時代には、こうした宿泊施設が宿泊料金（ハタコ銭）について協定を結ぶようになります。人々は広範囲な移動に際してどの程度の出費がかかるのかをあらかじめ計算できるようになります。徳川政権のもとでは海上交通の発達もあいまって全国市場が成立します。地域による嗜好の違いもふまえた販売戦略がとられるようになります。

やがて鉄道の時代になると、移動に必要な時間は極端に短縮され、輸送コストも大幅に削減されます。新たな交通手段が登場することで、人々の距離感あるいは時間感覚が変化するとともにコスト感覚が変化したのです。

1　遠く離れた場所へ

自宅から研究室まで

休日、娘（8歳）と息子（4歳）を研究室に連れて行くことがあります。筆者が作業しているのをよそに、お菓子を頬張りながらＤＶＤ鑑賞やゲームに夢中になれます。いまこうして原稿を書いているさなかにも、二人はのんびりアニメを楽しんでいます。

自宅から研究室まで、徒歩で40分、地下鉄を使えば20分、そしてタクシーを使うと8分程度です。どうやって研究室に行くかを決めるのに、少し時間がかかることもあります。

「タクシーの方が楽だし速いよ」

「でもタクシーはお金かかるからパパとしては避けたいな」

「そうだね、タクシーだとコンビニ行けないからお菓子を買えない」

「じゃあ地下鉄にしようか」

「地下鉄だと私はマナカ（名古屋交通開発機構発行のＩＣカード式乗車カード）にお金が入ってないからムリ」

「ボクはあるけるもん」

「え～、歩くと時間かかってＤＶＤ観る時間がなくなっちゃう」

大抵の場合は地下鉄になります。

私たちは様々な交通手段を利用できます。人々の日常生活における選択肢が増えること、これは経済発展の核となる要素だと捉えられます。交通手段もそうです。交通手段に応じて、移動にかかる時間とコストは様々です。したがって私たちは、移動の時間とコストについて、複数の組み合わせの判断を自然と身につけて生活していることになります。交通に関する経済発展とは、そういった時間とコストの組み合わせに関する感覚として、人々が多様な距離感を身につけていくプロセスと言えるのかもしれません。

色

遠くの場所に移動できるようになるということを、さらにふみこんで考えてみましょう。時間とコストが変化する、それともう1つ、ビジネスに関しては大事な要素をふまえておく必要があります。交通が発達することで、遠くの場所で生活している人々、それこそ全く異なる文化圏で生活している人々とも取引できるようになります。すると、文化の枠を超えてビジネスしなくてはなりません。

これに関して、色に焦点を当てて1つのケースを紹介します。

日本の歴史において、長きにわたって水上交通が重要な役割を果たしてきました（網野 2003）。第3章で説明したように、徳川政権のもとでは全国市場が成立します。これを支えたのが海上輸送技術の進展です。船の技術もそうですが、様々な航路が開拓されたことで遠隔地間の大量輸送が可能になりました（深井 2009）。こうして海運業者が活躍します。なかでも、北陸・東北の日本海沿岸の港を拠点として購入商品を転売して利益を得ていたのが北前船《きたまえぶね》と呼ばれる廻船業者です。彼らのなかには明治維新を経てもなお、資金や情報をもとに様々な部門への投資や起業を通じて産業化に寄与した者もいます（中西 2009）。

北前船が積んでいた商品には蝦夷地のニシンや〆粕《しめかす》のほか、出羽の青苧や紅花がありました。上り荷として積載された紅花は京都で大きな需要がありました。鮮やかな口紅である小町紅をはじめ、着物や襦袢の紅絹の赤にとって紅花が必要だったのです。

北前船が東北方面に「下り荷」としたものの1つに雛人形がありました。雛人形は、紅花商人の家で育つ娘たちのための土産物であり、赤い色がふんだんに使われていました。ただしその赤は小町紅などにみられる鮮やかな赤ではなく、東北で好まれた暗い褐色とも言える赤だったことがつきとめられています（池田・池田 2000）。赤という色のカテゴリーのなかに、上方でもてはやされた鮮やかな紅と、「下り荷」の雛人形で用いられた赤褐色とが共存していたのです（藤井 2005）。

交通の発達を通じて、様々な地域の人々を包摂するほどにマーケットが拡大します。そのような局面において、買い手の色彩感覚の違いをふまえた販売戦略が、徳川期の職人のビジネス感覚のなかで醸成されていたのです。

2　道

律令制と道

道は、律令制を実現する具体的な手段でした（和泉 1997）。律令政府は全国を五畿（山城・大和・河内・和泉・摂津）・七道（東海道・東山道・北陸道・山陰道・山陽道・南海道・西海道）に区分けします。七道は、畿内と同様に国・郡という行政単位でさらに分割されます。七道は地域の呼称でもあり、「都から放射状にのびる道路の名称」でもあります（木本 2000、18ページ）。ただし西海道は海で隔てられているので、「遠の朝廷」として大宰府が置かれました。

律令政府は森林を切り拓きながら各地に官道を設けます。『万葉集』には、713（和銅6）年に開通した木曽路について詠った歌があります。

「信濃道は　今の墾道《はりみち》　刈株《かりばね》に　足踏ましなむ　沓《くつ》はけ我が背」（巻十四　三三九九）

（意訳）
「木曽路は新しくできた道よ。切り株で、足踏んで怪我するわ、靴を履いていきなさいよ、あなた」

こうした道が、律令制という資源配分メカニズムの中軸とされたのです。

人々は調・庸として収める物資を中央まで運搬しなくてはなりません。米であれば海上輸送が使われることもありましたが、人頭税であった調・庸は人力による移送が原則とされました。この労役を運脚といいます。『延喜式』によると、民部省は運脚における上りと下りの標準所要日数を規定していました。[2] 上りは平安京（山城国）までの物資を運ぶ行程です。下りは帰国の行程で手ぶらとみなされたため、おおよそ上りの半分とされました（実際にはある程度の食糧や携帯品も運ぶため、手ぶらなはずがありません）。たとえば、伊豆国は上り22日、下り11日、あるいは最も遠い国とされた陸奥国で上り50日、下り25日、などのような具合で所要日数が定められたのです。

和泉（1997）は、『延喜式』の刑部省《ぎょうぶしょう》（司法担当）の事項として、いくつかの国の国府に関して、平安京から国府まで流人を移送するときの距離と日数が記載されていることに着目します。たとえば伊豆国の国府までは、「七七〇里」の距離を「下り一一日、一日当り七〇里」かけて移送するというのです（和泉 1997、93ページ）。距離の単位として、1里は300歩、1歩は5尺

1　佐竹ほか（2014、139ページ）および佐佐木（1927、118ページ）を参照。原文で「布麻之牟奈」とされることのある箇所を「踏ましむな」ではなく「踏ましなむ」としています。

2　『延喜式』では、西海道については大宰府から平安京までの上りは27日、下りは14日とされ、西海道各国から大宰府までの日数がそれぞれ記録されています。

図表９－１　和泉（1997）推計による京－伊豆国間の運脚所要時間

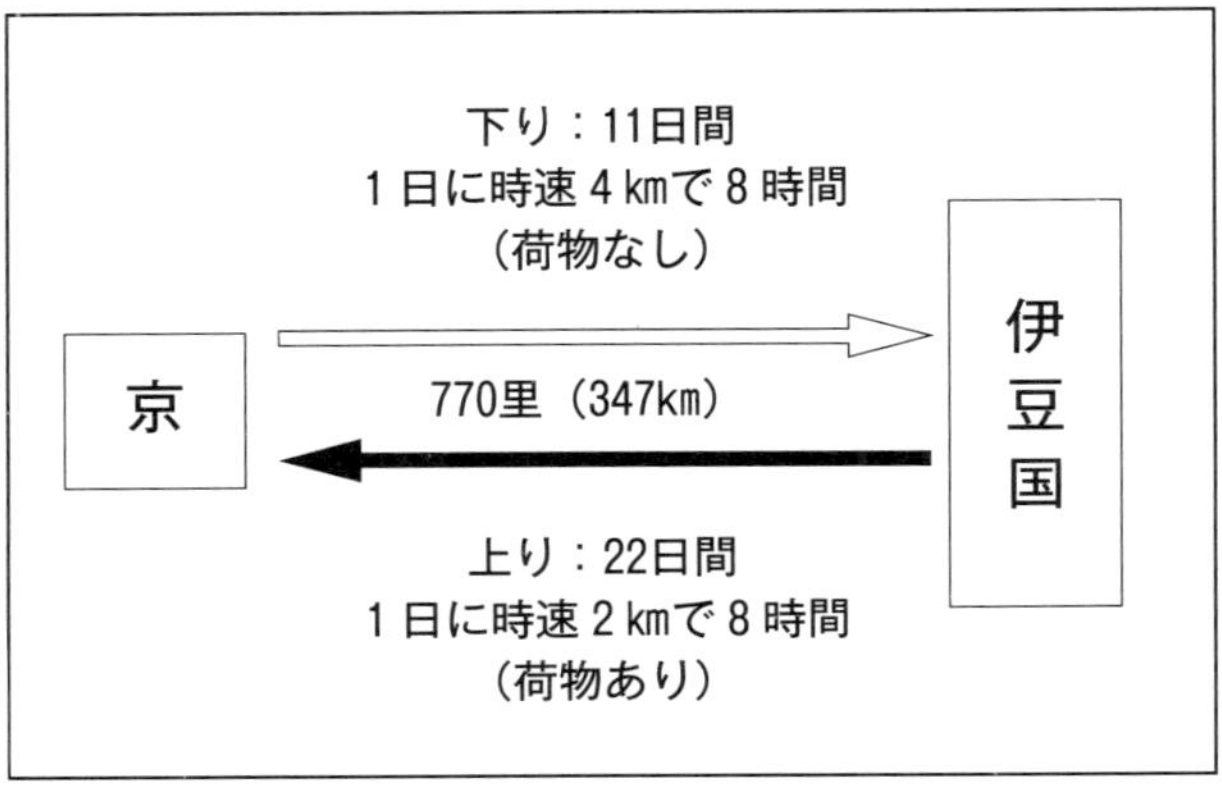

と定められていました。１尺を30センチ、および１里を４５０メートルとすると、京－伊豆国国府間の移動は11日かけて３４７キロメートルの距離、１日で70里つまり31キロメートルを移動した、と計算できます（和泉１９９７、94ページ）。

下りで時速４キロで１日８時間程度ということは、上りだと時速２キロで１日８時間程度歩くことになります。運脚の上りでは、金・銀・鉄といった貴金属や塩・海産物といった特産品を運びます。荷物を抱え、坂道山道のなか、時速２キロで８時間、野宿しながら京都への移動です（図表９－１）。律令政府はそれなりのハードワークを課していたことになります。

澤田（１９７２）は、律令制のもとでの標準的な規模として人口８万人の国を想定した場合、調・庸として徴収される布の総量から、４３０人程度を運脚に動員しなくてはならないと推察しています。もしも律令政府がその食糧を提供するとなると、数日間から数週間といえども数百人分を確保しなくてはなりません。[3] そこで、運脚夫が必要とする食糧は納税者の自己負担とされました。[4] こうした負担は都から離れた地域ほど大きくなります。負担の地域差は生産活動ひいては村落秩序維持の違いに少なからず影響していたことでしょう。律令制はそれなりの地域差を伴いながら変質し、荘園制の時代へとシフトしたものと考えられます。

駅

道には駅が設置されました。駅というのは馬を使って情報伝達の業務を果たす役人のための休憩・宿泊施設のことです。『大宝律令』では30里ごとに駅を作るように定められます。『延喜式』には402ほどの駅が作られたとあります。武部（2003）は駅間距離を検証し、実際のズレをふまえた上で、七道の本線・支線の総距離が6300・4キロメートルに及んでいたものと推察しています。

それだけの長距離に及ぶ情報ネットワークを機能させるための仕組みが駅馬制でした。これと並行して、中央から地方に情報を伝達するための仕組みとして伝馬制も築かれました（永田 200

3 澤田（1972）は、馬1頭で3人分の物資を運搬できたとしています（1頭につき1人の駄夫すなわち馬引き役が必要となります）。
4 交易雑物の制での物資運搬においては食糧が官給されました（早川 2000）。

４）。駅馬制と伝馬制を総称して駅伝制といいます（武部　２００３）。陸上競技の駅伝においてタスキがリレーで繋がれているのは、各駅の馬を乗り継いで情報が伝えられた駅伝制のいわば名残です。

情報伝達の役目を担ったのは駅使と呼ばれる役人です。駅使は駅鈴という鈴を携帯します。鈴には刻みがあり、階級によって刻みの数が異なります。その刻みの数だけ馬を使うことができました。駅は役人に安らぎを与えるサービスを提供していました。このサービスに従事する異性への情感を詠った歌が『万葉集』に残されています。

「鈴が音の　駅家《はゆまうまや》の　つつみ井の　水を賜へな　妹が直手《ただて》よ」（巻十四　三四三九[5]）

（意訳）

「駅の井戸の水をいただきたい、お嬢さんの手からそのままに[6]」

運脚夫は駅の提供するサービスを利用できませんでした。それでも、駅と駅を繋ぐ道で都まで上っていたので駅を通り過ぎることになります。彼らは駅の附近で野宿したと考えられています（庄野　１９９６）。人が集いやすい場所ゆえ、駅の周辺が気分転換・情報交流の場となっていたものと考えられます。

ハタコセン

律令政府の管理下で駅が提供していたものと類似のサービスを民間業者が担うようになります。これが宿です。鎌倉・室町時代にはビジネスとして宿を営む者が現れます。第2章で説明したように、宿は遍歴する商工業者の安らぎの場となりました。

国立歴史民俗博物館に、『永禄六年北国下り遣足帳』（『田中穣氏旧蔵典籍古文書』二三八号）という史料が所蔵されています。これは、京都の醍醐寺の僧侶が旅行した際の支出について記録したものです。1563（永禄6）年9月から翌年10月まで、現在の福島県相馬市や新潟など、北国を旅行したのです。醍醐寺無量寿院の院主である尭雅《ぎょうが》の付法（布教を託すこと）と関連した旅行のようで、おそらく二人で行動した長旅のようです（藤井 2000；小島 2004）。

図表9-2は『永禄六年北国下り遣足帳』の冒頭箇所です。右側に「永禄六癸亥年九月廿日北国下りノ遣足」と記されています。以下、支出項目ごとに上側に「文」という通貨単位で支出額が記され、その下に支出内容が記載されています。たとえば最初の項では、醍醐寺附近の「笠取西庄」

5 佐竹ほか（2014、150ページ）および佐佐木（1927、121ページ）を参照。

6 「妹」は駅で働く女性のことです。佐竹ほか（2014、151ページ）では「あなたの」と二人称として訳しています。武部（2003）は「あの女」と三人称として訳しています。本章は、どちらもイメージできるよう「お嬢さん」と訳しました。

図表９－２　『永禄六年北国下り遣足帳』

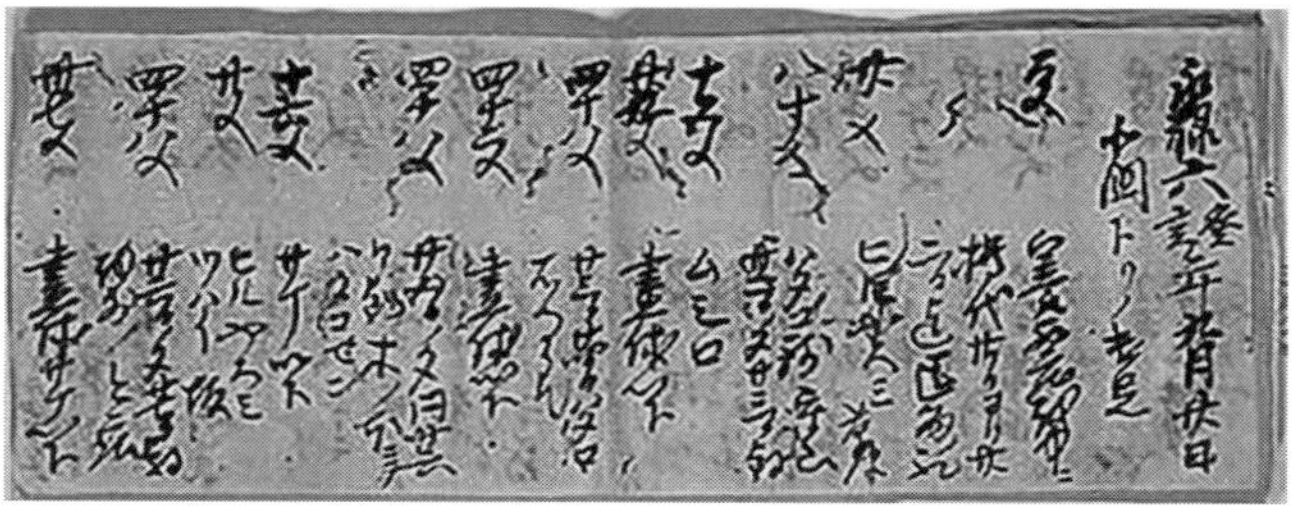

出所）国立歴史民俗博物館所蔵

で「越中」という人物に「樽代」として「百文」を渡していることが記されています。

その他の項目の支出内容として、「ハタコ銭」あるいは「ハタコセン」という語句が記載されています。「ハタコ」というのは漢字では旅籠と書きます。宿泊施設のことです。旅籠銭は宿泊料金を指すことになります。

『永禄六年北国下り遣足帳』では「サケ（酒代）」や「舟チン（乗船料金）」等も記載されていますが、支出項目の大半が「ハタコ銭」です。興味深いのは、各地の二人のハタコ銭が一定範囲（四〇文から五〇文）に収まっているという点です。宿泊サービスに関して広範囲な協定料金が設定されていたことが窺えます。そのため、移動範囲を設定すれば旅の必要経費が計算できたことになります（小島２００４）。宿泊サービスにおいてこのような協定価格が成立したことは、広範囲に活動する商工業者にとって不確実要素を軽減させる効果があったものと考えられます。

こういった宿泊サービスの協定あるいはネットワークは徳川

の時代にも引き継がれていきます。この歴史的前提のもと、徳川政権は通行者向けのサービスとして、各地の宿場町近隣住民に助郷役と呼ばれる負担を課します。

3 線路

馬車

明治維新のなか、鉄道の導入という大きなイノベーションが進行します。ただし、鉄道敷設には相当規模の資金が必要です。多額の資金を動員できるだけの制度的枠組みを構築するところから始めなくてはなりません。それなりの人的資本の蓄積も必要です。さらに、線路や駅の建設には土地の買収が必要であり、そのためには地元住民との利害調整をしなければなりません。鉄道を走らせるためには長期の迂回期間が必要です。

この迂回期間限定の新機軸として、馬車が登場し、活躍したのです。幕末開港時、外国公館で自家用馬車が登場します。蹄鉄の生産技術、さらには道路の整備といった条件が出揃うまでは、馬車の導入は容易ではありません。馬車は日本人には古くて新しい交通手段でした。

1868（明治元）年4月、維新政府は官制として会計官の下に駅逓司《えきていし》を置きます。その目的は陸上輸送手段に関する統一的指導を実行することでした。助郷役における宿駅の役所を駅逓役所へと改組します。1869（明治2）年、横浜吉田橋際（横浜市中区）に横浜－東京間の乗合馬車が開業します。これが日本人の経営による最初の馬車でした。

1872（明治5）年に助郷役が廃止されます。これを受けて、東京－宇都宮間、東京－八王子間、京都－大阪間など、各地の旧宿場町を拠点に馬車営業が展開します。やがて馬車は乗用を専門とする短距離の乗合馬車と、荷車を輓馬に引かせる荷積用馬車とに分かれます（山本 1983）。

旧宿場町は明治維新を経ても、馬車あるいは陸運会社が集う交通拠点となりました。この陸運会社の担い手の多くはそれまで町飛脚として活躍していた人々でした。1871（明治4）年、現在の1円切手の肖像でも知られる前島密《まえじまひそか》の尽力で郵便事業がスタートします。郵便は、やがて逓信省の管轄下で行われる官吏による事業になりました。飛脚業者は、テクノロジー失業に陥りかねない深刻な危機に直面します。これを乗り越えるため、1872（明治5）年に陸運元会社という組織として飛脚業者が集結します。同社は後に利根川水運の経営も手中に収めていきます。こうして飛脚業者は再起を賭けて、陸運会社を次々と創設したのです（藤野 1965；原田 1994）。

鉄道

1872（明治5）年9月12日、新橋－横浜間に日本最初の鉄道が開通します（図表9-3）。開通に尽力したのが大久保利通さらには伊藤博文です。この鉄道がさらに普及するきっかけとなったのが1877（明治10）年に勃発した西南戦争です。翌年の1878（明治11）年、陸軍卿西郷従道は鉄道局にはたらきかけ、鉄道の軍事利用の足がかりをつかんだのです（原田 1994）。

図表9－3　東京銀座煉瓦石繁栄之図・新橋鉄道蒸気車之図（四代歌川国政画）

出所）都立中央図書館特別文庫室所蔵

1880年代の松方デフレのもとでは鉄道敷設に充分な予算を注ぎ込むことが困難となります。そこで岩倉具視らが発起人となって1881（明治14）年、日本鉄道会社が創設されます。これがきっかけとなり、株式会社として鉄道会社が次々と創設されるようになります。

南（1965）は、鉄道敷設を通じて輸送のスピードおよびコストがどう変化したのかを整理しています。徳川の時代、駕籠《かご》による江戸－大坂の移動には19日を要したのに対し、鉄道開通後の1890（明治23）年には東京－大阪間を20時間で移動できるようになったとのことです。また、10貫目（37・5キログラム）の羽二重を東京－福井間で輸送するのに、鉄道開通以前は10日間、1円32銭かかりました。1880年代になると敦賀－関ヶ原間の開通により8日間、1円、さらに東海全線開通により4日間、62銭となりました。絹織

図表９－４　鉄道開通前後におけるコスト比較（単位：銭）

東京から	鉄道開通前コスト			鉄道運賃
	駕篭賃	宿泊料	その他含む合計	
横浜	68	0	68	32
鎌倉	105	0	105	53
沼津	260	29	290	129
静岡	360	44	406	167
名古屋	653	116	779	276
京都	856	174	1042	348
大阪	945	189	1136	367

出所）南（1965、８ページ）表１－４

業者にとっては、東京－福井間の移動に要する時間もコストも半減したのです。

図表９－４は鉄道開通前後における旅客運賃を比較したものです。東京から横浜まで駕篭で68銭かかっていたのが鉄道では32銭で済むようになっています。東京－大阪間に至っては駕篭賃で９円45銭かかり、さらに宿泊料金で１円89銭、合計で11円36銭かかっていました。しかし鉄道開通とともに３円67銭にまで移動のコストが軽減されたのです。

輸送コストの削減はことに製糸業においては貴重でした。生糸の生産において原料となる繭や動力源の薪炭を低コストで大量に調達できるようになります。輸送コストが軽減されることで低価格で供給できる量も増えます。

さらに重要なことは、決済や受け渡しまでの時間を短縮できる点にあります。生糸は主力の輸出品でしたが、そのために激しい価格変動や為替リスクに晒されていました。製糸業者にとってはマーケットの情報に迅速に対応できるかどうかが鍵となります。スムースな決済を通じて、価格や為替の変動リスクを軽減できるようになったのです。同時に、「保険料」等の費用項目も圧縮できます（加藤 1997）。

鉄道という新機軸の交通手段が登場したことで、ビジネス面での人々の計算感覚は様変わりします。交通の発達、あるいは交通のイノベーションとは、交通を通じて時間や距離の概念が変化することを、ひいてはそれにより人々の計算感覚や行動原理が変わることもふまえて捉えるべきプロセスなのかもしれません。

鉄道と町

鉄道敷設には当然ながら土地の買収が不可欠です。すでに繁栄している宿場町付近の土地よりも農地を買収する方が低コストで済みます。そのため駅や線路は従来から栄えていた宿場町より概して距離を置いて建設されます。ただし、土地買収に対する不満、鉄道敷設による農業水利の変化に対する不安、洪水等の自然災害リスクの懸念など、各地で反発の声も上がります。反発は百も承知の上で、自治体あるいは各地のビジネスマンは鉄道敷設を要望します（青木 2006）。

だからこそ、鉄道事業においては、たとえば甲州の根津嘉一郎など、地域社会の利害を調整するコーディネーターが重要な役割を果たしました（老川 2010）。明治期鉄道会社の経営者は、大株主のみならず中小株主、あるいは様々な利害関係者の意向を調整するために奔走しました（片岡 1988：木田 1991）。

鉄道の敷設は企業立地を誘発し、産業化を促進します。この因果関係が見せかけの相関関係ではないということを検証した研究があります（Tang 2014）。それは明治期の府県別データを用いて、差の差の検定（DID: difference-in-differences）と呼ばれる手法による分析を行ったものです。分析結果から、鉄道敷設は企業立地を統計上無視できないほどに増加させており、なおかつその効果は人口規模（１８８３年時点）に依存していた、とのことです。

鉄道はさらなる波及効果をもたらします。小林一三の阪急電鉄、あるいは五島慶太の東京横浜電鉄など、鉄道会社を通じて沿線地域の住宅開発やターミナル駅附近の商業開発ひいては娯楽施設の開発が進みます。鉄道を通じて通勤圏が形成されるだけでなく、学校教育の通学圏も形成されます。鉄道による小旅行の普及から、「おみやげ」を供給するビジネスも発達します。生活に多様な選択肢をもたらしていくのです（三木 ２０１０；高階ほか ２０１４）。

こうして、鉄道敷設は企業立地を増大させるかたちで資本投資を誘発するとともに、企業間取引の活発化、さらに労働移動の低負担化を進めることで、日本の経済成長を牽引していくことになったのです。

参考文献

青木栄一（2006）『歴史文化ライブラリー222 鉄道忌避伝説の謎――汽車が来た町、来なかった町』吉川弘文館
網野善彦（2003）『海と列島の中世』講談社学術文庫
池田萬助・池田章子（2000）『日本の御人形』淡交社
老川慶喜（2010）「第6章　根津嘉一郎」小池滋・青木栄一・和久田康雄編『日本の鉄道をつくった人たち』悠書館
和泉雄三（1997）『函館大学・北海道産業開発研究所研究叢書第八巻　日本交通史論――前近代』函館大学北海道産業開発研究所
片岡豊（1988）「明治期における株主と株主総会――鉄道業の合併をめぐって」『経営史学』第23巻第2号、33～58ページ
加藤要一（1997）「鉄道敷設における地元の『認識』と『実際』――明治期山梨県における馬車鉄道を事例に」『社会経済史学』第63巻第3号、346～377ページ
木田清人（1991）「五城目軌道の成立と地域社会――地方小都市の鉄道導入過程」『鉄道史学』第10号、37～45ページ
木本雅康（2000）『歴史ライブラリー108　古代の道路事情』吉川弘文館
小島道裕（2004）「中世後期の旅と消費――『永禄六年北国下り遣足帳』の支出と場」『国立民俗歴史博物館研究報告』第113集、113～133ページ
佐佐木信綱編（1927）『新訂　新訓万葉集下巻』岩波文庫
佐竹昭広・山田英雄・工藤力男・大谷雅夫・山崎福之校注（2014）『万葉集（四）［全5冊］』岩波文庫
澤田吾一（1972）『復刻　奈良朝時代民政経済の数的研究』柏書房
庄野新（1996）『「運び」の社会史』白桃書房
高階秀爾・芳賀徹・老川慶喜・高木博志編著（2014）『鉄道がつくった日本の近代』成山堂書店

武部健一（２００３）『ものと人間の文化史116-I道 I』法政大学出版局
田名網宏（１９９５）『日本歴史叢書　古代の交通』吉川弘文館
永田英明（２００４）『古代駅伝馬制度の研究』吉川弘文館
中西聡（２００９）『海の富豪の資本主義——北前船と日本の産業化』名古屋大学出版会
早川庄八（２０００）『日本古代の財政制度』名著刊行会
原田勝正（１９９４）「第I編　近代産業の展開　鉄道」有沢広巳監修『日本産業史1』日経文庫
深井甚三（２００９）『近世日本海海運史の研究——北前船と抜荷』東京堂出版
藤井尚子（２００５）「赤の力学——色をめぐる人間と自然と社会の構造」東京芸術大学博士論文（甲第２０６号）
藤井雅子（２０００）「付法史料の語る醍醐寺無量寿院と東国寺院——醍醐寺堯雅僧正の付法活動を通して」『古文書研究』第51号、日本古文書学会、15～33ページ
藤野正三郎（１９６５）『日本の景気循環——循環的発展過程の理論的・統計的・歴史的分析』勁草書房
松原弘宣（２００９）『日本古代の交通と情報伝達』汲古書院
三木理史（２０１０）『都市交通の成立』日本経済評論社
南亮進（１９６５）大川一司・篠原三代平・梅村又次編『長期経済統計12——推計と分析　鉄道と電力』東洋経済新報社
山本弘文（１９８３）『維新期の街道と輸送　増補版』法政大学出版局
Tang, John (2014) "Railroad Expansion and Industrialization: Evidence from Meiji Japan," *Journal of Economic History*, 74(3), pp. 863-886.

第10章

金利計算と金融教育

複利計算は明治期において小学校の算術の授業で教材として取り扱われていました。複利の歴史は古く、律令時代における出挙《すいこ》（稲の貸付）において複利による貸付が横行していたことが窺えます。複利計算のみならず、明治期の小学校教育では金融リテラシーの習得を目的とするカリキュラムが編成されました。1920年代の慢性的金融不安と昭和金融恐慌は、算術教育のカリキュラムに関する議論にも影響したのです。

1　金利計算

複利にピンとこない小学生

娘（8歳）も息子（4歳）もゲームセンターで遊ぶのが好きです。ある日、息子にゲームをさせようとしたときのことです。筆者はあいにく小銭をきらしていました。ゲーム機の順番待ちでずっと並んでいたこともあり、娘にお願いをします。

「お小遣いから100円貸してくれるかな、あとで絶対に返すから」

娘は、しぶしぶと、弟のゲーム代を出してくれました。

息子がゲームを終えてから、筆者は両替を済ませました。娘に言います。

「さっき貸してくれてありがとうな、よく我慢できたね。我慢してくれたお礼に150円渡すよ。好きなように使いな」

「うわ！　この50円もらえるの？」

「これはね、利子っていうんだよ、我慢してくれたから半分足したんだ」

ここで、試しに複利（元金のみならずそれまでの利子分も含めて利子が組み入れられる）をちらつかせてみました。

「これをもう一回お父さんに貸してくれたらその150円の半分近くを足して、220円にして返すよ？　貸してくれる？　それとも貸さないで今もう使う？」

「じゃあ、今ジュース買う」

娘は炭酸飲料を選びました。どうも娘には複利の旨味はピンと来なかったようです。ただでさえ高い金利でおまけに複利となるとあまり教育上よくないかな、との思いも多少あり、むしろ拒んでくれて、正直、ホッとしたのですが。

歴史のなかの複利[1]

複利は律令時代に遡ることができます。

律令政府は出挙を実施していました。出挙とは、種籾を貸し付け、収穫期に一定割合増やした量、つまり利息分の籾を返済させるという慣行を制度化したものです。死亡人については返済が免除されるとともに、人口を基準として諸国の出挙稲数が算出されていました（澤田 1972）。

律令政府が行った出挙とは別個の、民間レベルでの稲の貸付は私出挙と呼ばれます。律令政府は、私出挙を取り締まるためのルールを設定します（三上 2003：井原 2009）。具体的には、稲や粟の貸付に関して、①貸借契約は1年間を限度とする、②元本の2倍以上の利息をとってはならない、そして③利子を元本に繰り入れて計算してはならない、などの制限が置かれます。このうちの③は、複利を禁止したものです。裏を返せば、複利による私出挙が少なからず横行していたものと推察できます。

やがて鎌倉・室町時代になると貨幣経済が進展します。すなわち貸金業が発達する素地が形成されます。貸金業を展開した主体の1つが寺院です。寺院には祠堂銭《しどうせん》という豊富な元手がありました。祠堂とは、死者の冥福を祈るための施設のことです。寺院は信者からの供養料等をその建設費用つまり祠堂銭として蓄積していました。これをもとに貸金業をスタートするのです。加えて、土倉といった貸金業者も現れます。あるいは酒屋が貸金業を展開します。

鎌倉・室町幕府は、利息の合計額が元金を超えることを禁止しました[2]。しかし債務返済に苦しむ人々は不満を爆発させます。徳政一揆、つまり徳政（債権破棄・債務免除）を実施させるための暴動がしばしば発生します。ただし寺院は祠堂銭の貸付に関しては徳政が免除されていました[3]。

一方、土倉や酒屋にとっては、金利規制や徳政は回避したい事態でした。これら貸金業者らは規制の盲点をつきます。利息が発生した時点で貸借契約を書き替えるのです。すなわち、利息が発生した時点でこの利息を元金に組み入れ直して、これを元金とする新規の貸借契約を結ぶのです。これは事実上の複利金融です。ことに徳政実施の見込みが強くなった際に、長期の債務契約を連続し

1　ここでは随所で渡辺ほか（2008）を参照。
2　返済期限が過ぎて担保が質流れになったとしても、債務者が返済を済ませば担保を取り戻すことが認められました（井原 2009）。
3　ただし戦国大名のもとでは特定の寺院のみが保護対象とされるようになります。祀堂銭貸付の推移については、中島（1993）を参照。

た短期の債務契約に書き替える、という行為も行われました（桜井 2001）。室町幕府はこういった行為を禁止していましたが、相当程度に横行していた可能性は否めません。

複利による貸付に頼るということは借り手は相応に困窮しているものと考えられます。借りたとすれば一時的には出費できるようになるかもしれません。しかし単利に比べて返済すべき額は急増します。やがてはなおのこと困窮するはずです。

猪俣津南雄による『窮乏の農村』は、昭和初期の農村の状況を伝えるルポルタージュです（猪俣 1982）。そのなかに、複利による金融契約が村民の生活を圧迫しているということを伝える箇所があります。描かれていることはおそらく昭和初期に始まったことではないものと考えられます。

「小学校で算術の時間に習ったことが想い出されてくる。一割五分の利息でもって、年に一回証文を書き替えて複利で計算してゆくと、五年目には元利合計が元金の倍になる。これを数学の課題としてでなく実際界で実行する日になると、貸せる方はなかなかいいが、借りる方は助からぬ。

ところが農村の実態を見ると、元利合計の元金突破の運動はもっとスピードアップされている。典型的な実例の一つは、青森県の岩本川沿岸の米作地だ。借りる金の五分から一分はいきなり天引される。利息は二割四分だ。そして証文は半年ごとに書き替える、「六ヶ月ころばし」というやつだ。これで行くとおよそ二年八ヶ月目にはもう手取り金の二倍の金を返さねばならなくなる。

五年目の元利合計は元金の三倍余りになる。だが、それはこの辺の普通のスピードであって、もっとひどいのもざらにある。だからこの辺では、千円の金を持って百姓相手の金貸をすれば、中流程度の生活が出来る、と言っている」

（猪俣 1982、93ページ）

さて、本章が着目するのは冒頭の1行です。「小学校で算術の時間」に複利計算を習っていたという点です。1889（明治22）年生まれの猪俣津南雄は明治20年代から30年代に小学生時代を過しているはずです。当時の小学生が複利計算を習っているというのです。

明治10年代から20年代に小学校算術の教科書として用いられた尾關正求『数學三千題』という文献があります（海後 1962a）。そのなかに、「重利法」つまり複利を学習する単元が含まれています。そこに掲載されている次の2つの演習問題にチャレンジしてみましょう（解答は章末に載せておきます）。

1 「元金五百円年二割利にして三ヶ年の重利幾何」

2 「年一割二分の重利にして二年四ヶ月の元利六百五十二円廿八銭八厘なり元金幾何」

金融リテラシー教育

複利計算のみならず、明治大正期の小学校の算術には金融リテラシーを扱う演習問題が散見されます。1922（大正11）年から小学校6年生（尋常小学校6年生）用の教科書として使用された国定の算術の教科書、文部省『尋常小学校算術書 第6学年 6巻』には「利息」の設問が32題、「公債、株式」の設問が19題掲載されています。「公債、株式」には次のような問題が掲載されています。

「7分利付某市公債額面高1000円ノモノ2枚、500円ノモノ3枚、100円ノモノ7枚持ツテ居ル人ハ半年ニ利子何程ヲ得ルカ」

「或株券額面50円ノモノヲ80円デ買入レ、年1割2分ノ配当ヲ受ケルト利回リハ年何程カ」（海後 1962b、365〜366ページ）

こうした問題を正解する術をきちんと体得していたのは一部の層に限られていたようです（第11章を参照）。だからこそ児童の理解度について、算術教育研究者の間でも各々のカリキュラムを問題視するようになります。それでも尋常小学校5年生および6年生の算術の「応用問題」について議論する際に「経済上の智識を明確にし、之を実際生活に適用せんが為めに、此の種の問題を多く課せよ」と主張されたりしていました（足立 1915、53ページ）。

やがて、児童の実生活と密接に関連した授業内容を重視すべきだという声が現れます。複利計算のみならず、算術教育全般に関して小学生に暗記させる事項が多すぎるとして、カリキュラムのスリム化が叫ばれるのです。そういった論説のなかで、山本（１９３２）は次のように算術教育の非現実的な側面を批判します。

「…欠食せぬまでも、行きたい学校に行き得ないで涙を呑んで欠席する児童も居る。登校前と帰宅後に食費の幾分を稼がなくてはならぬ児童も居る。

…（中略）…

児童の作った好い問題だといって吹聴される問題に、

『一山五十銭の林檎を二山買って十円札を出せば…』

『お母さまと百貨店へ行って四十五円の写真機を…』

『日曜日にお父さんと自動車で…お土産に五円の…』

『お客遊び…おヒナごっこ…』

『海水浴へ…別荘へ…』

といった様なのが多く紹介されてゐる。この様な家庭に育つ児童、この様な児童を受持つ教師は、世にも有り難き幸福者であろう」

（山本 １９３２、１１２〜１１４ページ）

文中に「児童の作った好い問題」とありますが、当時は学習の理解を深めるために児童に作問させていたのです。その際に、模範とされる解答があまりに現実から乖離しているではないか、というのがここでの主張です。山本（１９３２）は公社債や株式の問題の重要性は認めつつも、「プロレタリアの経済生活」を考えて教育カリキュラムを議論すべきだと主張しているのです。

こうした論調に沿うものとして清水（１９３４）は小学生の生活に身近な利殖法として、郵便貯金に焦点を当てた算術指導の体系を提案します。さらに岩下（１９３２）は、算術教育として銀行預金と郵便貯金を取り上げる際に、次のように対照的な捉え方をしているのです。

「銀行は最も重要な最も便利な金融機関である。併し銀行のことは、子供には中々解らない。これは経験がないし、必要感もないからであらう」

（岩下 １９３２、３００ページ）

「郵便貯金は最も安全な貯金機関である。又全国到る処にあり、預入れ引出し共に手続きが簡単な為に極めて便利な貯金機関でもある。自分の村の郵便局の位置はもう知つてゐるであらう」

（岩下 １９３２、３０１ページ）

郵便貯金が最も安全とされていることにはそれなりの説得力があります。政府（逓信省）の運営していた郵便貯金であれば、国家が転覆しない限りは破綻のリスクがありません。一方で民間の運営する銀行には経営破綻のリスクがあります。

昭和初期においては一層の切実さを身にしみて感じていたものと思われます。当時の人々にとっては、昭和金融恐慌というパニックがまだ記憶に新しかったからです。

2　昭和金融恐慌

台湾銀行と東京渡辺銀行

第6章で説明したように、1920年代の日本は慢性的金融不安に直面していました。第1次世界大戦後のブームにおける事業拡張の失敗、さらには1923（大正12）年の関東大震災が重なります。このため、多くの銀行が返済見込みのない手形を抱えてしまいました。これら銀行の手形を日本銀行が再割引して資金を供給したものが震災手形です。対象となった銀行は合計96行です。

図表10-1は、震災手形割引高上位20行について、震災手形割引高（千円）、1926年末時点での未決済高（千円）、ならびに前者で後者を割った未決済率（%）を示したものです。各行それぞれの値のみならず、割引高上位20行の合計、全96行の合計についても示しています。震災手形を最も多く抱えたのが台湾銀行で、額は96行のなかで唯一1億円を突破していました。1926年末時点での台湾銀行の未決済率は86・8%です。台湾銀行は、多額の不良債権を抱えながらそれらの大

図表10－1　震災手形割引高、1926年末時点未決済高および未決済率

銀行名	震災手形割引高（千円）	未決済高（千円）	未決済率（%）
台湾	115,225	100,035	86.8
藤本ビルブローカー	37,214	2,181	5.9
朝鮮	35,987	21,606	60.0
安田	25,000	0	0.0
村井	20,429	15,204	74.4
十五	20,073	0	0.0
川崎	19,373	3,720	19.2
近江	13,423	9,319	69.4
早川ビルブローカー	12,624	0	0.0
豊国	10,724	3,380	31.5
柳田ビルブローカー	9,920	0	0.0
第二	9,299	7,685	82.6
左右田	8,017	5,430	67.7
第百	7,925	0	0.0
東京渡辺	7,519	6,533	86.9
東海	7,375	730	9.9
若尾	5,733	4,214	73.5
第十九	5,492	1,910	34.8
中井	4,955	2,547	51.4
八十四	4,590	2,260	49.2
上位20行小計	380,897	186,754	49.0
96 行合計	430,816	206,800	48.0

出所）日本銀行百年史編纂委員会（1983、101ページ）第２-15表

注）1926年12月末時点での震災手形未決済高（千円）、震災手形総額（千円）および未決済率（未決済高を総額で除したパーセンテージ）が示されている。なおカッコ内の数値は未決済高もしくは総額の96行合計値に占めるパーセンテージ。

半が処理できていないという状況に陥っていたのです。

しかし注目すべき銀行がもう1つあります。未決済率が台湾銀行を上回る86・9%におよぶ、東京渡辺銀行です。

預金者が預金の引き出しを求めた場合、銀行はその要求に応じなくてはなりません。ここで銀行が不良債権を抱えている場合、預金者に対する返済能力が劣ることになります。この返済能力をソルベンシーといいます。台湾銀行と東京渡辺銀行は、1926年末時点ではソルベンシー不足を疑われても仕方のない銀行の代表的存在だったということになります。

そして、この東京渡辺銀行と台湾銀行が、昭和金融恐慌という騒動を引き起こすことになるのです。

3月の騒動

1927（昭和2）年3月14日、震災手形処理のための2つの法案（震災手形損失補償公債法案、震災手形善後処理法案）をめぐる衆議院予算委員会が開かれていました。震災手形損失補償公債法案は、日銀が震災手形の処理で被った損害について、政府が1億円を限度として国債によって補償することを定めたものです。震災手形善後処理法案は、震災手形を処理できなかった銀行に国債を貸し付けることを定めたものです。どちらも政府の資金を投入することになります。野党である政友会の議員、吉植《よしうえ》庄一郎《しょういちろう》が激しく詰め寄ります。厳しい論戦のさなか、大蔵大臣片岡直温は東京渡辺銀行の破綻を口外します。

翌15日、新聞各紙の報道を受け、首都圏の中小規模の銀行の預金者が一斉に預金の引き出しに列を作ります（同日、東京渡辺銀行は大蔵省に休業届を提出します）。預金の取付け騒動はその後も続きます。さらにいくつかの銀行が休業します。そのなかの村井銀行と左右田《そうだ》銀行はそれぞれ東京・神奈川を本店として活動していましたが、京阪地域にも支店を構えていました。双方とも休業に陥ったことで、京都にも取付け騒動が飛び火します。山城銀行、桑船《くわふね》銀行がこのあおりをうけて休業を余儀なくされます。

震災手形損失補償公債法案および震災手形善後処理法案の2法案は、3月23日、貴族院議会を通過します。これでとりあえず3月パニックを鎮火できたとされています（高橋・森垣 1993：中村 1994：是永ほか 2001）。もっとも、4月8日、兵庫に本店を置く第六十五銀行が休業するなど、依然として日本の銀行システムは不安定な状況下にありました。

4月の騒動

より深刻な第2の騒動が4月に発生します。かねてより経営難の台湾銀行を救済するための緊急勅令案が発案されていました。しかしながら枢府（枢密院）精査委員会がこの勅令案を否決したのです。同行は18日に休業します。

台湾銀行休業は衝撃的なニュースでした。理由はその休業がインターバンク市場の麻痺を招いたからです。

銀行は一時的に資金が枯渇することがあります。それでもなお換金能力を保持するためには他の銀行から資金を調達しなくてはなりません。そのためのマーケットがインターバンク市場です。台湾銀行は、3月31日時点で40行もの銀行から総計2億円に達するほどの資金を調達していました[4]。その台湾銀行が休業したのですから、回収の見込みがなくなってしまうことになります。台湾銀行に資金を提供していた銀行は資金枯渇状態に陥ります。主たる大銀行がそのような状態に陥ったために、インターバンク市場を通じて資金を調達することは、どの銀行も不可能になってしまいます。

4月18日、台湾銀行のみならず関西の有力銀行であった近江銀行も休業します。21日には、宮内省の本金庫（御用銀行）として知られていた十五銀行が休業します。同日午後、三井・三菱・安田・住友・第一といった当時の五大銀行の東京本店（住友は東京支店）前にも取付けの行列ができあがります（石井 2001）。こうして未曾有の大パニックが全国に広がることになります。

新たに大蔵大臣に就任した高橋是清は事態の収拾を図ります。4月22日、預金業務停止を命じる勅令が公布されるとともに即日施行されました。預金業務停止期間を経て、日本銀行の資金サポートが断行されたのです。それでもいくつかの銀行は休業届を提出せざるを得ませんでした。3月15

4　日本銀行調査局（1969、278～279ページ）を参照。

日から4月25日までの間に、普通銀行30行、台湾銀行そして貯蓄銀行（あかぢ貯蓄銀行）という計32もの銀行が休業せざるを得なくなったのです。
昭和金融恐慌の4月パニックに関して、和歌山県の「葵人生」というペンネームの人物が『罪は何れに』と題して次のような手記を残しています。

「四月二十日所用あって上洛したHは、某大銀行に対する如何わしい風評を聞いた。三月以来、いやが上にも神経過敏になっている彼は、一刻も早く引出すが上々の策と思って、妻君のところへ
『預金引出せ』
という電報を打った。この電報を受取った妻君は藪から棒で、その意を解するに苦しんだが、とにかく夫の命令だから、直に預金帳を懐中にして某大銀行の支店へかけつけた。ところが行内は平生通りで一向変った様子もなく、周章《あわ》てて取付に来た自分を顧みて少々決まりが悪く一応夫に「何故引出すか」を問合わせることにした」
「妻から問合せた電報に対する夫の返電は
『馬鹿ッ』
というのであった。彼の女が狼狽しながら、再び銀行へ駆け付けた時は午後の三時を過ぎ、銀行の重い鉄扉は固く閉ざされていた。翌日、この鉄扉に『三週間休業』の謹告が貼出されて今な

ほそのままである」

（大阪朝日新聞経済部 1928、84ページ）

引用箇所の最後の一文にある「翌日」は4月21日です。この日、東京に本店を置く十五銀行・泰昌銀行・武田割引銀行、さらに兵庫に本店を置く明石商工銀行が休業しています。

さて、このエピソードは、預金取付けにおける人々の行動原理を議論する上で大変参考になります。預金を引き出すつもりで銀行に足を運んだはずの女性が一度は引き出しをためらいます。その理由は、彼女の目には他の預金者が引き出しているように映らなかったからだ、というのです。情報と計算に基づく夫の命令よりも、「平生通り」の行内の様子の方が彼女にとっては決定的な判断材料となったのです。

見方を変えると、引き出しに並ぶ行列ができ、その行列を目にする人々が増えることで、取付けは伝染しやすくなります。この点で、銀行店舗の集積する大都市は取付けが伝染しやすかったものと考えられます。昭和金融恐慌の4月の騒動において、大都市圏に限定すると銀行の収益性とは無関係に預金が引き出されていたことが指摘されています。一方、都市部ではない地域では収益性が低い銀行ほど預金の減少幅が大きいことが認められます（是永ほか 2001）。これらの地域では、銀行の経営業績に関する情報に基づいた引き出し行動がとられていたのです。[5]

図表10－2　普通銀行の店舗数、１行平均の公称資本金と預金の推移

	店舗数	１行平均公称資本金（千円）	１行平均預金総額（千円）
1921年	1,331	1,204	4,842
1922年	1,799	1,315	4,336
1923年	1,701	1,440	4,588
1924年	1,629	1,499	4,968
1925年	1,537	1,569	5,678
1926年	1,420	1,680	6,464
1927年	1,283	1,848	7,037
1928年	1,031	2,118	9,050
1929年	881	2,467	10,547
1930年	782	2,602	11,173
1931年	683	2,859	12,105
1932年	538	3,551	15,461
1933年	516	3,596	17,083

出所）後藤（1970、78～79ページ）表26の２

銀行の集中、郵貯の進展

図表10-2は、普通銀行の店舗数、１行平均公称資本金、および１行平均預金総額の１９２１年から１９３３年までの推移を示しています。慢性的な金融不安のなか、店舗数が減少していること、資本金額および預金額が１９２７年前後で急増していることがわかります。競争的であった銀行業組織が変質し、銀行集中が進むのです（寺西 １９８２）。

１９２７年に制定された銀行法により銀行の新設に対して最低資本金額が定められます（資本金１００万円以上、東京・大阪に本店を置く場合は２００万円以上）。さらに銀行法では5年を猶予期間として既存銀行に対しても条件を満たすよう義務づけます。こうして政策的な介入のもと、銀行

図表10－3　郵便貯金および郵便振替貯金年末残高（1921-1936年）

	郵便貯金年末残高（百万円）	郵便振替貯金年末残高（百万円）
1921年	906	37
1922年	976	36
1923年	1,102	47
1924年	1,100	40
1925年	1,136	39
1926年	1,156	38
1927年	1,523	42
1928年	1,742	49
1929年	2,051	54
1930年	2,337	60
1931年	2,609	54
1932年	2,704	64
1933年	2,801	67
1934年	3,064	77
1935年	3,232	83
1936年	3,482	100

出所）日本銀行統計局（1966、244-245ページ）

合同が促進されます（岡崎・澤田2003；白鳥 2006）。

図表10-3は、郵便貯金および郵便振替貯金の年末残高の推移を示しています。昭和金融恐慌を前後して、とりわけ4月パニックを機に郵便貯金サービスの利用が飛躍的に上昇するとともに、年末残高が上昇していくプロセスが窺えます（杉浦 2001）。

算術教育の議論において岩下（1932）の言った、郵便貯金が「安

5　是永ほか（2001）は、融資先が地域内に限られることが多いため、平時から銀行経営に関する情報を入手しやすい点に着目した解釈を提示しています。

全な貯蓄機関」であるという意味合いが、ようやく理解できるかと思います。小学校の算術教育におけるこのような提言を受けて、人々が思い浮かべるのは、40日間に30行もの普通銀行が休業するという尋常ではない事態だったのです。

児童たちにいかにして金利の計算能力を学ばせるか、あるいはどの程度まで金融リテラシーを体得させるのかという議論において、昭和金融恐慌を頂点とする1920年代の慢性的金融不安は大きな分岐点となったのです。この点は第11章で、あらためて言及したいと思います。

参考文献

足立亀次郎（1915）安東壽郎・肥後盛熊校訂『教科書を縦に見たる算術教授の新研究』明治出版協会
石井寛治（2001）「第1章　戦間期の金融危機と地方銀行」石井寛治・杉山和雄編『金融危機と地方銀行――戦間期の分析』東京大学出版会
井原今朝男（2009）『中世の借金事情』吉川弘文館
猪俣津南男（1982）『窮乏の農村』岩波文庫
岩下吉衞（1932）『作業主義郷土算術教育』明治図書
大阪朝日新聞経済部編（1928）『朝日経済パンフレット第一輯　金融恐慌秘話』銀行問題研究会
大竹文雄（2010）『競争と公平感――市場経済の本当のメリット』中央公論新社
岡崎哲二・澤田充（2003）「銀行統合と金融システムの安定性――戦前期日本のケース」『社會經濟史學』69巻3号、275~296ページ
尾關正求（1880）『数學三千題』岐阜成美堂（三浦源助）出版（海後　1962a所収）

海後宗臣編（1962a）『日本教科書体系近代編第十一巻　算数（二）』講談社
海後宗臣編（1962b）『日本教科書体系近代編第十三巻　算数（四）』講談社
後藤新一（1970）『日本の金融統計』東洋経済新報社
是永隆文・長瀬毅・寺西重郎（2001）「1927年金融恐慌下の預金取付け・銀行休業に関する数量分析――確率的預金引き出し仮説対非対称情報仮説」『經濟研究』第52巻第4号、315~332ページ
桜井英治（2001）『日本の歴史12 室町人の精神』講談社
澤田吾一（1972）『復刻　奈良朝時代民政経済の数的研究』柏書房
清水甚吾（1934）『尋五六算術教育の新系統と指導の實際』目黒書店
白鳥圭志（2006）『両大戦間期における銀行合同政策の展開』八朔社
杉浦勢之（2001）「第5章　金融危機下の郵便貯金」石井寛治・杉山和雄編『金融危機と地方銀行――戦間期の分析』東京大学出版会
高橋亀吉・森垣淑（1993）『昭和金融恐慌史』講談社学術文庫
寺西重郎（1982）『日本の経済発展と金融』岩波書店
中島圭一（1993）「中世京都における祠堂銭金融の展開」『史学雑誌』一〇二巻一二号、2073~2015、2220~2221ページ
中村政則（1994）『昭和の歴史2　昭和の恐慌』小学館ライブラリー
日本銀行統計局（1966）『明治以降本邦主要経済統計』
日本銀行調査局編（1969）『日本金融史資料昭和編第二十四巻』大蔵省印刷局
日本銀行百年史編纂委員会編（1983）『日本銀行百年史第三巻』日本銀行
村井康彦（1965）『古代国家解体過程の研究』岩波書店
三上喜孝（2003）「古代の出挙に関する二、三の考察」笹山晴生 編『日本律令制の構造』吉川弘文館
山本孫一（1932）『経済と生活　算術教育第二次の革新』モナス
渡辺純成・安大玉・川原秀城（2008）「第I部　東アジアの数学と日本」東アジア数学史研究会編『関流和算書大成――関算四伝書　第一期　第一巻』勉誠出版

Diamond, Douglas W. and Philip H. Dybvig (1983) "Bank Runs, Deposit Insurance, and Liquidity," *Journal of Political Economy*, 91(3), pp. 401–419.

Goldstein, Itay and Ady Pauzner (2005) "Demand-Deposit Contracts and the Probability of Bank Runs," *Journal of Finance*, 60(3), pp. 1293–1327.

Yabushita, Shiro and Atsushi Inoue (1993) "The Stability of the Japanese Banking System: A Historical Perspective," *Journal of the Japanese and International Economies*, 7(4), pp. 387–407.

演習問題の答え（海後１９６２ａ、２８７ページ）

(1)　三百六十四円

(2)　五百円

$1.12 \times 1.12 = 1.2544$

$0.12 \times \frac{4}{12} = 0.04$

$1.2544 \times 1.04 = 1.304576$

$652.288 \div 1.304576 = 500$

第11章

小学校教育と経済発展

徳川時代における寺子屋は、庶民が読み書きそろばん、さらには教養文化を体得できる教育機関として普及していました。明治維新を経て小学校教育がスタートします。しかしながら児童は労働力の担い手とされ、なおかつ教育カリキュラムに対する不満を抱く世帯も少なくありませんでした。１９２６（大正15）年の改正小学校令は、職業人としての人間形成を重視するものとしてカリキュラム改革を打ち出します。尋常小学校、さらには高等小学校を卒業するなど長い就学年数を経て高度な学力を身につけた児童たちは、やがて戦争を乗り越えて戦後復興と高度成長を支えていくのです。

1　教育

様々な授業

先日、授業参観ということで娘の小学校に足を運びました。

ややベテランっぽい女性が担任です。大きめのカードを手にした先生が、「復習だよ」と言ってカードを紙芝居のようにめくっていきます。1枚に1つずつ、かけ算の式が書いてあります。「2×7」「3×6」「2×3」とランダムに現れるかけ算に対し、1枚につき1人、児童が答えます。[1]

「よし、みんなできたね、じゃあ今日は四の段だよ」

先生が黒板にA0用紙を黒板に広げます。遊園地の絵がプリントアウトされています。観覧車のゴンドラが2人乗り、コーヒーカップは3人乗り、そしてジェットコースターは1両4人編成です。今日は四の段とのことですから、ジェットコースターが1両に何人乗っているか、2両では何人か、という具合で、合わせて何人かを足し算で答えさせて教えています。

この小学校では授業参観の日は校内を開放しているので他のクラスや学年の様子を見て回ること

1　娘は「さぶろくじゅうはち」を答えました。

ができました。

隣のクラスでは、若手の先生が黒板に五の段を1つ1つ書きながら口頭で解説しています。カードやプリントアウトされた模造紙を使っていた娘の担任とは対照的でした。

さらに別のクラスではパソコンからのスライド投影を用いてインターネットにおける注意事項を児童たちに解説していました。なるほど、これは団塊ジュニア世代である筆者の小学生時代には考えられなかった光景です。

時代の移り変わりとともに学ぶことや教え方は変わります。そして、学ぶべきことは時代とともに変わります。教えるテクニックも様々な方法や手段が創案されては蓄積されていきます。

文部科学省の『学習指導要領』が改訂されるたびに、様々な論戦が交わされます。近年では全国学力・学習状況調査、いわゆる「全国学力テスト」が実施されるたびに、やはり教育に関する論議が湧きます。

教育について、一家言お持ちの方は少なくないでしょう。理想の人間像というものが三者三様であるのと同じように、理想の教育は十人十色、教育論も百花繚乱です。ただし、教育の成果が現れるのは子どもたちが大人になってからです。せめて客観的に証拠が得られることについては、説得力のあるアプローチに基づく分析を踏まえた政策論議を期待したいものです（中室 2015）。

娘のクラスに戻りました。29人の児童全員が二の段から四の段までを唱和しています。かつては三の段もおぼつかなかった娘も、九九を口ずさめるようになっています。教育には長い時間が必要だということを、筆者は痛感します。
ではもう少し長い時間を捉えながら、小学校教育というものを概観してみましょう。

小学校教育の歴史的前提

一般庶民の読み書きの能力に関して、明治維新以前における分岐点を強調する指摘もあります。たとえば高橋（1978）は、徳川期において日本社会が無文字社会から文字社会へと転換したとしています。ただし識字率については、地域や身分によって差が生まれることもふまえなくてはなりません。徳川期から明治期にかけて、地域や身分の違いによる識字率の違いが地域間あるいは身分間の経済格差を助長させていたという主張もあります（Rubinger 2006）。

庶民の識字率をそれなりに支えていたのが寺子屋（あるいは手習塾）でした。寺子屋は、鎌倉・室町時代における仏教寺院の教育活動に源流が求められると指摘されています（高橋 1971）。ただし寺院による慈善活動のみが源流というわけでもなく、商業目的から民間の教育機関としての寺子屋が相次いで設立されました（石川 1998）。

寺子屋が普及するきっかけとして徳川吉宗の享保改革を挙げることができます。1717（享保2）年には大坂平野郷に含翠堂《がんすいどう》が、1723（享保8）年には江戸深川に会輔堂《かいほどう》、さらに1726（享保11）年には大坂尼ヶ崎に懐徳堂《かいとくどう》といった教育機関が設立されます。このような民間教育の勃興が寺子屋設立にも波及したのです。吉宗は寺子屋を保護する方針を打ち立てました（大石 20

03）。

寺子屋で教材とされたものに往来物があります。往来物とは往復書簡集のスタイルをとった書物です。代表的なものは14世紀に編纂されたとされる『庭訓往来』です（石川 1988）。『庭訓往来』をはじめ、往来物は、政治・経済・文化など様々なトピックにわたる豆知識もしくは社会常識が綴られています。読み書きや一般常識あるいは道徳を身につけるための教材として使われていたことが知られています（石川 1988；梅村 2002；和田 2014）。

17世紀前半、吉田光由が著した『塵劫記《じんこうき》』は多くの寺子屋で用いられたことが知られています。民間教育機関のみならず、藩は藩士の子弟に教育を施す機関、藩校を設置していました。こうした藩校は暦・時間管理の点から算術教育の重要性を認識していました。たとえば仙台藩は、『塵劫記』のほか、関孝和の『発微算法《はつびさんぽう》』あるいは関の流派の集大成とされる『関算四伝書』など算術書を収集・管理し、算術教育に活用していました（佐藤 2008）。

その他、寺子屋教育で教材とされたものとして謡《うたい》があります。謡は村落上層部あるいは都市の町人たちの嗜みでした。こういった教養を体得することで村落中間層からのいわば階層移動を実現するため、若い頃から手習塾に通う人々も少なくなかったと考えられます（木村 2006）。

小学校の登場

1871（明治4）年、文部省が設置されます。これが、日本の初等教育の歴史における1つの目安となる出来事だと言えます。1872（明治5）年に学制が出されます。全国が8の大学区に分けられます。各大学区はさらにいくつかの中学区に分割され、さらに各中学区内を分割したものとして小学区が設置されます。この小学区に初等教育機関として小学校が設置されます。このとき、小学校は下等科の修業年限が4年、さらに上等科の修業年限が4年の計8年間とされました。

この仕組み自体はフランスの制度の模倣です。ただし、単に外国の制度を移植するだけではなく、教育を受ける層が限られているなど当時の教育問題を解決する手立てとして新たな教育制度を創出することが意図されていました（倉沢 1973）。学制の序文は「学事奨励に関する仰被出書《おおせいだされしょ》」とも呼ばれ、「学問は身を立るの財本」と銘打つなど教育政策の指針を示しつつ、教育の勧奨を国民に呼びかけるものでした。

ただし子どもへの教育の必要性を感じる人々にさえ、学制は抵抗感を覚えるものでした。というのも、当時の国民が慣れ親しんでいた教育と言えば、寺子屋教育です。読み・書き・そろばんを三本柱としたカリキュラムとは異なり、小学校での地理や理科は親たちにとって馴染みの薄いものでした。にもかかわらず寄付金や授業料等で教育費全体の6割以上の国民負担を強いられていたのでした（本山 1998）。

1879（明治12）年には、教育令が制定されます。これにより初等教育が8年間から4年間に短縮化されます。私立小学校の設置が許可制から届出制に変更されるなど、教育の自由化が推進されます。しかしながら、教員が独自に好む内容を授業する傾向が強くなったのみならず、デフレ政策（松方財政）のもと学校教員が次々と解雇されたことにより教育の質の低下が問題化します（堀松 1985）。

1886（明治19）年に公布された小学校令では、尋常小学校が4カ年、次いで高等小学校が2カ年とされ、このうちの尋常小学校4カ年が義務教育とされました。1900（明治23）年に小学校令は改正されます。授業料は廃止、すなわち義務教育無償制がスタートします。1900年時点で、在学者総数は492万5673人、このうち初等教育（尋常小学校および高等小学校）の在学者数は468万4219人と95・1％を占めています（文部省1962）。中等および高等教育の就学率が充分に高まるには第2次世界大戦後を待たねばなりませんでした（大川・小浜 1993：Godo and Hayami 2002）。

それでも多くの場合、高等小学校が尋常小学校に近接して創立されていたこともあり、尋常小学校卒業後に高等小学校に進学するケースは徐々に増加します（堀松 1985）。高等小学校への進学率上昇を受けて、1907（明治40）年の改正小学校令で高等小学校の1・2年生が尋常小学校の5・6年生とされます。

2　小学校教育のニーズと成果

小学校教育のニーズ

産業化局面において初等教育の充実は切実問題であったはずです。経営者にとっては従業員には初等教育レベルの技能を修得してもらう必要があったものと思われます。明治大正期、敷地内に補習用の施設を作るなど、企業内訓練の一環として基礎知識を習得させる製造業企業も現れました（尾高 1991）。

しかしながらこのことは、ある側面を浮き彫りにします。小学校を卒業したはずの従業員が充分な読み書きの能力を備えていないことは珍しくなかったのです。

小学校教員の給与を国庫による負担とし、教育機会を均等化する制度設計がなされるのは第2次世界大戦後のことです（井深 2004）。小学校教育の質は地域によってバラバラにならざるを得ませんでした。市町村の財源不足から、有能な人材を教壇に立たせることが難しい小学校は少なくなかったものと思われます[2]（苅谷 2006）。

2　それでも1918（大正7）年には、市町村義務教育費国庫負担法が制定されました。徐々に国庫負担金は増やされ、小学校教育の拡充化が図られます。

さらに重要な問題があります。子どもを抱える世帯の側にとって、小学校に通わせることに消極的な態度をとる人々が少なくなかったのです。ここで、当時の子どもたちのうち少なからぬ数が児童労働に従事していた点をふまえる必要があります（吉川 2008）。ここで言う児童労働は、家業手伝いなども含まれますが、とりわけ切実だったのは子守りです。速水・小嶋（2004）でも紹介されているように、農村部では合計特殊出生率が5を超える地域もありました。長男・長女が日中の時間帯に子守りをするのは決して珍しいことではありませんでした。

とは言え授業に乳幼児を連れてこようものなら、授業に差し障りが生じます。だからこそ世帯の側からすれば通わせないのは小学校の教室の雰囲気を壊すまいとする配慮もあったものと思われます。

なかにはこういった児童に救いの手を差し伸べる教員も現れました。ボランティアとして、子守りを担当する児童を対象とした授業を行うのです。これは子守り学級と呼ばれます。子守り学級は、子守りをする児童に学力や社会常識を学ばせることのみならず、乳幼児の健康に関する情報提供に関しても貢献することになります（神津 1978；長田 1995；松田 2006；布田 2012）。

しかしながら、小学校教育自体に不満を持つ層もありました。小学校は市町村が設立するものであっても、地域社会の名望家が実質的なリーダーシップをとって設立されたケースが少なくありませんでした（菊池 2003）。

大正期の農民運動においては、小作農から地主層にクレームがあがります。あるいはそういった名望家が起業している場合は労働運動が生じます。農民運動あるいは労働運動において、名望家層への不満が露になるのです。教育内容が卒業後の実情に沿うものではない、というカリキュラム内容に対する不満の声さえあがりました（山本 2014）。たとえば第10章でとりあげた金利計算等は、難度の高い、生活への密着感のない学習事項だったのかもしれません。

また、教員がカリキュラムを意識せずに授業するケースも見られました。カリキュラムに関する厳格な規定がなかったため、教員が自分勝手な授業を続けることが横行していたのです。このような状況を改善するための法改正を望む声をあげる教育学者も現れます（小林 1929）。

1926（大正15）年、小学校令が改正されます。改正点として、小学校教育における「職業的陶冶」すなわち職業人としての人間形成が重視されます。具体的には、カリキュラム面で実業科（公民科）が重視された点が大きな特色です。国民に学校教育の必要性を説くだけではなく、教育現場の改善についてコミットメント形成を図った制度改革とも言えます。さらに1927（昭和2）年「児童生徒ノ個性尊重及職業指導ニ関スル件（昭和二年十一月二十五日文部省訓令二十号）」により学校教育の現場における職業指導、いわばキャリア支援の充実化が掲げられます。[3]

壮丁《そうてい》教育調査

小学校教育がどの程度の成果をもたらしていたのか、見ていきましょう。

1900（明治33）年、壮丁教育調査がスタートしています。当時の日本では、徴兵令および兵役法のもと、徴兵検査が毎年実施されました。検査実施前年12月1日から当年11月30日までに20歳に達した男子青年、すなわち壮丁が検査対象となります。この徴兵検査の当日もしくは前日に文部省の管轄のもとで実施されたのが壮丁教育調査です。道府県学務部係員、各市町村職員、および小学校校長が実地調査役にあたって国語と算術の学力試験が実施されました。

ただし、明治期においては道府県ごとに調査方法がバラバラでした[4]。徐々に整備が進められ、1931（昭和6）年の実施時より公民科が加えられるとともに、3科目とも全国同一の問題が課されるようになりました。

文部省社会教育局編『壮丁教育調査概況　昭和六年度』には、1931（昭和6）年4月15日から7月31日にかけて、全国1028カ所の徴兵署で実施された壮丁教育調査の結果が記されています。受験したのは61万9711名の壮丁です。彼らの大半は、1910年代後半から20年代にかけて小学校生活を過していたことになります。

受験者総数は61万9711名ですが、中学校在学または卒業以上の者は国語と算術が免除されています。その86・2％に相当する53万1500名が公民とともに国語と算術の3科目を受験しています。試験は、第一部（国語）・第二部（算術）・第三部（公民）の三部からなり、40分の制限時間のもとで実施されました。国語は、短い文章を読み、文意に関連したいくつかの設問に答える問題が3つあります。算術は5つの応用問題が出題されています。そして公民は、政治・経済あるいは地理に関する10問の四択問題が出されています。[5]

図表11-1は、1931（昭和6）年調実施の壮丁教育調査で実施された試験の国語・算術・公民の最終学歴別の正答率を示しています。たとえば公民については不就学者で1・8、尋常小学校中退で12・4、そして尋常小学校卒業で29・5と、学歴が高まるにつれて正答率（%）が高くなっています。つまり就学年数が長くなるに連れて高得点をとるようになっているのです。中等学校中退までの学歴で公民の正答率は46・1%、そして中学校在学卒業以上で77・8%をマークしています。

3　大門（1992）は、1927（昭和2）年に刊行された中央職業紹介事務局『職業紹介公報』第四十七号（1927年）をもとに岐阜県長良尋常高等小学校のキャリア支援について紹介しています。これによると、同校は尋常小学校5・6年生もしくは高等小学校2年生対象とした説明会や進路相談をほぼ月に1度もしくはそれ以上の頻度で開催しました。それだけでなく「全校教員が分担して、実地農、工、商家を訪問して各種項目を調査研究」するなど情報収集を徹底したそうです。

4　詳細は山本（1969）、清川（1992）を参照。

5　試験問題を含め、調査結果は国立国会図書館のデジタルアーカイブとしてインターネット上で閲覧できます。ご参考までにアクセスしてみてください。

図表11－1　1931年（昭和６）年調査による
壮丁の学歴別正答率（%）

	調査対象者数（人）	国語	算術	公民
不就学者	4,378	3.6	2.7	1.8
尋常小学校中退	29,932	25.8	15.3	12.4
尋常小学校卒業	118,568	48.2	28.6	29.5
高等小学校中途	45,303	60.3	38.0	40.8
高等小学校卒業	202,015	72.4	49.1	53.1
実業補習学校卒業	112,208	75.4	54.8	60.0
中等学校中退	19,097	87.9	67.6	68.5
計	531,500	63.9	43.1	46.1
中学校在学卒業以上	85,211			77.8
総計	616,711			50.5

出所）文部省社会教育局（1932）

恐るべき子どもたち

別の調査結果に着目してみたいと思います。図表11-1に見た壮丁教育調査の8年後、1939（昭和14）年に実施された壮丁教育調査では52万9199名の壮丁が算術の試験を受けています。彼らに出題された数学（算術）の設問10として、次のような問題がありました。

「三分五厘利付国債ノ発行高ガ、一年ニ六十億円デアッタトスレバ、一年間ノ利息ノ支払高ハ幾ラニナルカ」

このときの壮丁教育調査では、実に興味深い試みが行われています。壮丁教育調査と同じ問題を、サンプリング調査として同じ条件で小学生に解かせているのです。北海道・岩手・福島・茨城・東京・神奈川・富山・長野・滋賀・奈良・鳥取・岡

図表11－2　福島県の浪江尋常高等小学校　昭和11年卒業写真

出所）浪江町

山・香川・高知・長崎・大分の16道府県の小学校に在学中の小学生がサンプリングされました。壮丁も児童も、1926（大正15）年改正小学校令によるカリキュラム改革以後の小学校教育を受けています。彼らと同学年ではないものの、ほぼ同世代と言えるのが図表11-2の写真の子どもたちです。これは、浪江尋常高等小学校（現浪江小学校）の卒業式の写真です。

図表11-3は、算術全体および算術設問10の正答率を、壮丁および児童とで対比したものです。壮丁は、尋常小学校卒業、および高等学校卒業のグループだけ取り出しています。児童は尋常小学校六年生と高等小学校二年生を取り出しています。注目すべきは高等小学校二年生の、数学全体ならびに設問10の正答率がそれぞれ61・7％、18・6％となっていることです。

あくまで正答率の大小だけしか議論できませ

図表11－3　1939（昭和14）年調査による数学および金利計算問題の正答率

		調査対象者数（人）	数学（%）	設問10（%）
壮丁				
	尋常小学校卒業	92,147	43.6	6.1
	高等小学校卒業	250,345	57.3	16.4
児童				
	尋常小学校六年生	1,474	48.3	1.4
	高等小学校二年生	1,800	61.7	18.6

出所）文部省社会教育局（1940）

ん。とは言え壮丁に対し、高等小学校二年生が勝るとも劣らない点数をマークしていることが窺えます。もっとも壮丁は小学校という場から離れてしまうことで学習内容を忘れてしまいがちになることでしょう。金融リテラシーの設問は、明治大正期の教科書レベルほどではないにせよ、壮丁たちでさえ苦しんだ難問でした。

そのような難問に健闘した小学生が少なからずいることは注目に値します。高等小学校二年生に関して言えば、上位18％の児童がそれなりの金融リテラシーを体得していたことになります。恐るべき子どもたちです。

残念ながら戦争で命を落としてしまった児童たちのなかには、難度の高い設問に解答できるほどの計算能力を身につけていた子も多くいたと思います。実に悲しい歴史を経なければなりませんでした。それでも児童たちは、成長を遂げ、太平洋戦争を乗り越えた暁に、戦後復興と高度成長という輝かしい日々をリードしていくことになるのです。

参考文献

石川謙（1998）『日本庶民教育史』玉川大学出版部
石川松太郎（1988）『往来物の成立と展開』雄松堂出版
井深雄二（2004）『近代日本教育政策史――義務教育費国庫負担政策の展開』勁草書房
梅村佳代（2002）『近世民衆の手習いと往来物』梓出版社
大石学（2003）「I享保改革と社会変容」大石学編『日本の時代史16 享保改革と社会変容』吉川弘文館
大門正克（1992）「V学校教育と社会移動――都会熱と青少年」中村政則編『日本の近代と資本主義――国際化と地域』東京大学出版会
大川一司・小浜裕久（1993）『経済発展論――日本の経験と発展途上国』東洋経済新報社
長田三男（1995）『子守学校の実証的研究』早稲田大学出版部
尾高煌之助（1991）「戦前期金属・機械工業の企業内教育」『経済研究』第42巻第1号、67～83ページ
苅谷剛彦（2006）『教育と平等　大衆教育社会はいかに生成したか』中公新書
菊池城司（2003）『近代日本の教育機会と社会階層』東京大学出版会
清川郁子（1992）「「壮丁教育調査」にみる義務制就学の普及――近代日本におけるリテラシーと公教育制度の成立」『教育社会学研究』第51集、111～135ページ
木村政伸（2006）『近世地域教育史の研究』思文閣出版
倉沢剛（1973）『学制の研究』講談社
神津善三郎（1978）『教育哀史――子守・工女・半玉の学校　改訂版』銀河書房
小林澄兄（1929）「明治大正教育史」野依秀一編『明治大正国勢史第四巻（国勢編）――明治大正史シリーズ』実業之世界社、218～246ページ
佐藤賢一（2008）「第II部　近世日本数学史と『関算四伝書』」東アジア数学史研究会編『関流和算書大成――関算四伝書　第一期』勉誠出版
高橋俊乗（1971）『近世学校教育の源流』臨川書店

高橋敏（１９７８）『日本民衆教育史研究』未来社

中室牧子（２０１５）『「学力」の経済学』ディスカヴァー・トゥエンティワン

布田奈津子（２０１２）『日本の子守学校――途上国における応用可能性の検討』東京外国語大学「平成23年度ゼミ指導教員が推薦する優秀卒業論文・卒業研究（欧米第一課程英語専攻、指導教員：田島陽一）」http：//www.tufs.ac.jp/education/yushuronbun/yushuronbun23.html（11月４日閲覧）

速水融・小嶋美代子（２００４）『大正デモグラフィ――歴史人口学で見た狭間の時代』文春新書３５８

堀松武一（１９８５）「明治前期の教育」堀松武一・入江宏・森川輝紀編『日本教育史』国土社

松田澄子（２００６）「山形県内の子守学級の検討」『山形県立米沢女子短期大学紀要』第41号、27～38ページ

本山幸彦（１９９８）『明治国家の教育思想』思文閣出版

文部省社会教育局編（１９３２）『壮丁教育調査概況　昭和六年度』

文部省社会教育局編（１９４０）『壮丁教育調査概況　昭和十四年度』

文部省調査局編（１９６２）『日本の成長と教育――教育の展開と経済の発達』帝国地方行政学会

山本武利（１９６９）「明治後期のリテラシー調査」『一橋論叢』第61巻第3号、３４５～３５５ページ

山本正身（２０１４）『日本教育史――教育の「今」を歴史から考える』慶応義塾大学出版会

吉川卓治（２００８）「日本編第2章　3　資本主義と子どもの生活・文化」江藤恭二監修、篠田弘・鈴木正幸・加藤詔士・吉川卓治編『新版　子どもの教育の歴史　その生活と社会背景をみつめて』名古屋大学出版会、２０３～２１４ページ

和田充弘（２０１４）「近世庶民教育における徳育の構造――大坂の寺子屋師匠と往来物を手掛かりに」『同志社大学日本語・日本文化研究』第12号、２０１～２１５ページ

Godo, Yoshihisa and, Yujiro Hayami（2002）"Catching Up in Education in the Economic Catch-Up of Japan with the United States, 1980-1990," *Economic Development and Cultural Change* 50（January), pp.961-978.

Rubinger, Richard（2006）*Popular Literacy in Early Modern Japan*, University of Hawaii Press.

あとがき

本書は、雑誌『経済セミナー』に連載されたコラム「経済史の小窓」（2013年4・5月号〜2015年2・3月号）が元になっています。

マーケットは不完全です。そんな不完全なシロモノに対して、先人たちがどう関わってきたのかをお伝えしたいと思ってスタートしたコラム執筆でした。と同時に、歴史研究を経済学で読み解く面白さをお伝えできればとも思いました。

マーケットは、自由放任とすればすべてがうまくいくわけではありません。かといって、人々のビジネス慣行を無視したルールを設定するわけにもいかないのです。制度設計あるいは市場設計などと言葉を使うのは簡単なことです。しかしながら実際に政策として遂行する際には、様々な利害関係を調整しなくてはなりません。市場設計の歴史は、いかにして利害調整に成功したか、あるいは失敗したかをめぐる物語でもあります。

＊　＊　＊

21世紀を迎えて15年ほど経ちました。「失われた20年」とも称される慢性的デフレ不況のなか、日本経済はいくつかの試練に直面します。

1990年代後半、金融ビッグバンと呼ばれる金融システムの抜本的改革が遂行されました。これは、資本市場の活性化とともに金融機関の再編を促しました。M&Aが増え、様々な投資家が資本市場に資金を投じました。さらには中小企業の事業承継問題の解決策として、M&Aを推し進める動きも現れました。しかしながら、2007（平成19）年秋、サブプライム問題に端を発する金融危機が発生しました。リスク資産について、内実に関する情報が不透明な状況で高値がつき、値崩れの影響が日本をはじめとする各国に波及し、世界的な金融危機が進行する事態となったのです。

長期雇用慣行について見直しがなされるなか、市場の流動性を高めることが必要視されます。労働者派遣について制度改革が進みます。派遣社員あるいは非正規社員と呼ばれる選択肢が注目されるようになります。このため非正規労働者が増大します。その一方で、金融危機を前後して、非正規社員の雇用打ち切りあるいは正規社員との所得格差が問題視されるようになります。非正規社員とされる方々が正規社員と同じだけ働くのであれば同等の待遇が得られるべきでしょう。では今後どうすればよいのか、解決策が模索されています。

2011（平成23）年3月11日、東日本大震災が発生したことに伴い、福島第一原子力発電所事故が起きました。放射能汚染をめぐって、厳に安全性を求める声とならんで、福島産の食料品に対する風評被害も生じます。このときに、解決策として、品質に関する情報提供が必要だと言うのは簡単です。しかしながら、それがいかに困難かつ切実な問題であるのかを私たちは見せつけられています。私たちは、先人たちのようにはマーケットを活用できていないのです。

21世紀の日本経済は、解決すべき難題が山積しています。簡単に解決できるはずはありません。

様々な視点からの議論が必要です。このとき、1つの思考トレーニングとして、歴史を紐解く作業にとりくんでみてはどうかと思うのです。現代的な問題意識から過去を振り返ることで、過去における問題の発見と解決方法を学ぶ、これが歴史を通じた思考トレーニングです。

本書が、皆さんの思考トレーニングに少しでもお役に立てれば幸いです。本書でご紹介したトピックについて、何かご関心のあるものが見つかれば、できれば参考文献を頼りにさらに掘り下げていただけると幸甚です。

＊　＊　＊

『経済セミナー』連載当時から、様々な方々のお世話になりました。

まず、大阪大学の安田洋祐先生そして大阪大学の大竹文雄先生にお礼を申し上げたいと思います。お二人がそれぞれ日本評論社の編集者をご紹介くださったことが『経セミ』での執筆のきっかけでした。

お二人と面識を持つきっかけは、ツイッターでした。ツイッター上では多くの研究者と意見交換できるのがありがたいことです。お名前、ユーザ名を挙げるとキリがありません。ことに若手研究者の情報発信は、とても励みになりました。お礼を申し上げます。

ツイッターを通じて知り合えた方々のなかでも、「まとめ管理人」さんには格別の謝意を表したいと思います。「まとめ管理人」さんは、戦国時代を中心とする日本史の様々な情報を発信されているだけでなく、幾度となく、筆者の草稿にも目を通してコメントをくださいました。ありがとうございます。

大学院（一橋大学）時代よりお世話になっている寺西重郎先生、浅子和美先生、そして斎藤修先生の学恩にも感謝します。同期にあたる学友、浅野哲人・川口大司・山本千映の各氏にも、普段なかなか口にできませんが、ありがとう、と一言述べておきたいと思います。当時、東京大学大学院の院生であった神林龍氏との情報交換も常に刺激的でした。東京大学大学院経済学研究科附属日本経済国際共同研究センターに奉職していた前後、様々なご教示をいただいた岡崎哲二先生、粕谷誠先生、ならびに武田晴人先生にも感謝したいと思います。以来、学会やセミナーでコメントをくださった諸先生方にもお礼を申し上げます。

現在の勤務先、名古屋市立大学は素晴らしい職場です。ゼミナールや授業では、学生さんはとても勉強熱心です（筆者と同世代かそれ以上の方には想像がつかないでしょうが、昨今の大学生は勉強熱心です）。授業への質問を受けることで、筆者は多くを学ぶことができました。ランチメイトである茨木智・内田真輔の両先生との会話がヒントとなった叙述は数えきれません。かつての同僚であった井上光太郎・松原聖そして村瀬英彰といった先生方にも感謝します。名古屋市立大学滝子キャンパス図書館（山の畑分館）では、酒向みずほさんをはじめ、司書の方々に大変お世話になりました。

さらに、歴史学に貢献している様々な方々に感謝します。大学教員や院生の方々はもちろん、史料の発掘や保存、あるいは様々な展示企画等を実施して多くの人々に歴史の面白さを伝える努力を重ねている学芸員の方々を、筆者はただただ尊敬するばかりです。

日本評論社の小西ふき子さんは、連載開始から本書刊行まで、温かく、そして辛抱強く、筆者を励ましてくださいました。ここに厚くお礼申し上げます。

本書に何らかの貢献があるとすれば、それはこういった周りの人々のご助言や先人の努力の成果によるところ大です。至らぬ点があれば、それらは筆者が責任を負うものです。後者につきましては、一日も早く未熟さを克服すべく、ご教示を（できれば優しい口調で）賜ればと思います。

＊　＊　＊

最後に、私事で恐縮ですが、研究室で本書の原稿を書かせてくれた娘と息子に。サヤ、ハル、ありがとう。二人とも、子どもと接することが歴史を学ぶヒントになるということを教えてくれました。そして娘にあやまります。

「今日の授業参観、どうせ私のことネタにして何か書くつもりでしょ？」

サヤ、ごめん、書いた。

２０１５年冬

名古屋市立大学大学院経済学研究科、研究室にて

横山和輝

著者紹介
横山 和輝（よこやま かずき）
1971年生まれ。1994年神奈川大学経済学部卒業。1999年一橋大学大学院経済学研究科博士後期課程単位取得退学。2006年博士（経済学、一橋大学）。一橋大学経済学部助手、東京大学日本経済国際共同研究センター研究員を経て、2007年より名古屋市立大学大学院経済学研究科准教授。専攻は経済史。

主な論文
"Measuring the Extent and Implications of Director Interlocking in the Pre-war Japanese Banking Industry"（with Tetsuji Okazaki and Michiru Sawada), *The Journal of Economic History*, 64(5), pp.1082-1115, 2005.
「鎌倉・室町期日本の貨幣経済」『オイコノミカ』第47巻3・4号、25-41ページ、2011年。
「1930年代日本企業の役員賞与決定メカニズム」『経済学論集』第67巻第3号、37-47ページ、2001年。

マーケット進化論《しんかろん》——経済が解き明かす日本の歴史

2016年1月25日　第1版第1刷発行

著　者　横山 和輝
発行者　串崎 浩
発行所　株式会社日本評論社
〒170-8474　東京都豊島区南大塚3-12-4
電話　03-3987-8621（販売）　03-3987-8595（編集）
http://www.nippyo.co.jp/
振替　00100-3-16
印刷所　精文堂印刷株式会社
製本所　株式会社難波製本
装　幀　溝田 恵美子

検印省略

Printed in Japan　　ISBN 978-4-535-55814-4